CNPC-LH30

中国石油大连西太组织史资料

第二卷

（2016—2020）

大连西太平洋石油化工有限公司｜编

石油工業出版社

图书在版编目（CIP）数据

中国石油大连西太组织史资料．第二卷，2016—2020 / 大连西太平洋石油化工有限公司编．-- 北京：石油工业出版社，2025. 6. -- ISBN 978-7-5183-7508-0

Ⅰ．F426.22

中国国家版本馆 CIP 数据核字第 2025M1P197 号

中国石油大连西太组织史资料．第二卷．2016—2020

大连西太平洋石油化工有限公司　编

项目统筹：冀宇飞　李廷璐

图书统筹：李廷璐

责任编辑：鲁　恒

责任校对：刘晓雪

出版发行：石油工业出版社

（北京市朝阳区安华里 2 区 1 号楼　100011）

网　址：www.petropub.com

编辑部：（010）64257021　64523611

图书营销中心：（010）64523731　64523633

印　　刷：北京中石油彩色印刷有限责任公司

2025 年 6 月第 1 版　2025 年 6 月第 1 次印刷

787×1092 毫米　开本：1/16　印张：9.25

字数：147 千字

定价：128.00 元

《中国石油大连西太组织史资料. 第二卷. 2016—2020》编纂人员名单

编审委员会

主　　任：何晨光　朱文军

副 主 任：朱卫东　肖文建　张　上　刘　毅　李德财

委　　员：董克林　于承祖　王军航　贺兆伟　杨　兴　程　辉

编纂办公室

主　　任：程　辉

副 主 任：吴岩枫　杜安群　李　洪

成　　员：（按姓氏笔画排序）

付　博　许玉祺　孙　琦　孙祥芝（女）　李　健

杨博文　张　晗　郑旭东　郝香贺（女）　侯永新

詹静怡（女）　解书海

前　言

盛世修史、以史励志。根据中国石油天然气集团有限公司《中国石油组织史资料》编纂要求，2013年12月大连西太平洋石油化工有限公司（以下简称大连西太）启动企业组织史的编纂工作。《中国石油大连西太组织史资料（1990—2015）》出版后，得到广大干部员工和离退休老领导、老同志的一致好评，持续做好史志编纂、讲好企业故事、传承石油精神成为全体西太人的强烈愿望。《中国石油大连西太组织史资料．第二卷．2016—2020》以编年体和纪事本末体相结合，记述了大连西太“十三五”时期企业改革发展特别是组织人事历史，比较客观、系统、全面、准确地集中展示了大连西太迈进新时代、开启新征程取得的辉煌成就，对于企业传承历史、指导实践、开拓未来，对于广大干部员工了解历史、增强荣誉、聚力奋进等都具有十分深远的历史意义和十分重要的现实意义。

习近平总书记强调，一切向前走，都不能忘记走过的路；走得再远、走到再光辉的未来，也不能忘记走过的过去，不能忘记为什么出发。20世纪80年代初，改革开放的东风涤荡神州大地，作为北方重要沿海开放城市的大连，以敢为人先的豪迈气概和干事创业的奋发激情，在全国率先兴建了国家级大连经济技术开发区。开发区的大开发大开放，迫切需要大项目的支撑。在这种时代背景下，由大连市政府发起，联合中国化工进出口总公司、化工部化学工程总公司、法国道达尔公司等6家股东合资兴建，报请国务院批准成立，中国石油化工历史上第一座一次性投资兴建的单系列500万吨/年炼油厂，也是我国第一座能加工世界各种原油的新型炼油厂，正式宣告诞生。

30多年来，大连西太始终以“奉献能源、创造和谐”为使命，瞄准国内领先、国际一流示范性炼化企业目标，仅用129.5亿元的投资建成千万吨级现代化炼厂，创新形成以“四有工作法”为代表的生产受控管理体系、以“大进大出灵活经营”等为代表的市场化运作体系、以专业保运服务外包等为代表的社会化服务体系，锻造一支干事创业、担当作为的高素质干部员工队伍，形成极具特色的企业文化和竞争优势，取得国内炼制高含硫原油炼厂连续三个“三年一修”和三个“四年一修”长周期运行的最好业绩，主要经济技术指标全面进入中国石油千万吨级炼厂第一梯队，逐步成长为一家技术先进、设备精良、产品优质、管理高效、贡献突出的现代化高水平炼厂。1996 年开工投产以来，大连西太累计加工原油 1.8 亿吨，销售收入 6050 亿元，上缴税金 1030 亿元，为国家和地方经济社会发展做出突出贡献。

进入新时代，大连西太迎来新的发展机遇，连续重整、柴油加氢等重大项目陆续建成投产，中心控制室以及一系列管理变革、经营战略有效实施，各方面工作蓬勃向上、经营业绩持续向好，“十三五”期间累计加工原油 4388 万吨，获得利润 45.5 亿元，其中 2017 年盈利 26 亿元，为中国石油炼化业务高质量发展做出重要贡献，展示中国北方沿海最具竞争力现代化炼厂的崭新形象。2018 年顺利完成新一轮股权调整，法国道达尔公司、中国化工集团有限公司、中化（香港）石油国际有限公司退出股东行列，形成中国石油天然气股份有限公司控股 84.475%、大连市建设投资集团有限公司参股 15.525% 新的股权管理架构。2019 年 1 月 1 日纳入中国石油和炼油化工分公司全面管理，中国石油独特的政治优势、组织优势、资源优势、规模优势、集团优势，在大连西太得到充分体现和进一步发挥，党的全面领导和现代企业法人深入融合，现代企业治理体系和治理能力显著提升，大连西太开启新的发展征程。

不忘初心，方得始终。回望那段波澜壮阔的历史，走进那段激情澎湃的岁月，大连西太历经艰辛磨难、终成国之大器。历史潮流、浩浩汤汤，顺之者昌、趋之者强。一代代西太人唱响“我为祖国献石油”嘹亮歌声，高举旗帜、接力奋斗，在大连开发区这片热土上播撒希望、辛勤耕耘，用智慧和汗水书写国内第一家大型合资炼化企业高质量发展的传奇，树立中国改革开放能源对外合作的丰碑。

通古达今，史为镜鉴。《中国石油大连西太组织史资料 . 第二卷 . 2016—2020》坚持“广征、核准、精编、严审、及时”的编纂方针和“实事求是、尊重历史、求实存真”的编纂原则，力求做到精准、精编、精品，比较客观、系统、全面、准确地记述了大连西太“十三五”期间改革发展开拓创新的奋斗历程，对于研究探索大连西太组织建设规律，充实完善史志资料，具有十分重要的意义。

本书作为企业管理和文化建设的重要基础性资料，将充分发挥史志“存史、资政、育人、交流”的作用，让广大干部员工多了解大连西太的发展历史，从中汲取营养，获得前行的动力和方向，继续拼搏奋进，早日建成国内领先、国际一流示范性炼油企业，为保障国家能源安全、促进地区经济发展做出积极的贡献。

2020 年 12 月

凡　例

一、本书按照中国石油天然气集团有限公司下发的《〈中国石油组织史资料〉编纂工作方案》《〈中国石油组织史资料〉编纂技术规范》《〈中国石油组织史资料〉编纂技术规范（企业卷）》进行编纂。

二、指导思想。本书以马列主义、毛泽东思想、邓小平理论、“三个代表”重要思想、科学发展观、习近平新时代中国特色社会主义思想为核心，坚持“广征、核准、精编、严审、及时”的编纂方针，贯彻落实习近平总书记“以史为镜、以史明志，知史爱党、知史爱国”要求，全面客观记述大连西太平洋石油化工有限公司组织机构沿革发展和人事变动情况，发挥“资政、存史、育人、交流”的作用。

三、断限。本书收录上限始自2016年1月1日，下限断至2020年12月31日。

四、指代。本书中“集团公司”泛指中国石油天然气集团公司、中国石油天然气集团有限公司；“股份公司”指代中国石油天然气股份有限公司；“大连西太”指代大连西太平洋石油化工有限公司。

五、资料收录范围。本书收录的资料主要包括组织机构沿革、领导任免信息及领导人员名录，组织人事及综合统计图表等其他相关附录附表资料，组织人事大事纪要等。

组织机构收录范围主要是依据行政隶属关系和股权管理确定，领导名录收录范围主要按照干部管理权限确定。具体包括：董事会及董事会组成人员，监事会及监事会组成人员，党政纪工领导机构及其领导班子成员，机关部门（管理部门）、直属机构及生产运行单位（运行单位）党政领导机构及领导成员。领导名录收录到副科级（三级副）及以上干部。

附录附表主要收录组织机构名录及沿革表、员工队伍结构、党员和党组织情况、专业技术人员情况、先进集体和个人、党代表及人大代表等。

组织人事大事纪要主要收录组织干部、人事劳资、教育培训等重要事件的时间、决定机关、依据文件、主要内容或结果等。

六、资料收录原则。党、政组织机构较详，其他组织机构较略；组织机构及领导成员资料较详，其他资料较略。

七、编纂结构体例。本书采取“先分层级，再按阶段，后分层次”横竖结合的方法，按章、节、目等层次进行编纂，全书以领导机构、机关部门（管理部门）、直属机构、生产运行单位（运行单位）、附录、组织人事大事纪要分立六章。

八、资料编排。本书采用文字叙述、组织机构、领导名录和图表相结合的形式进行资料编排。

（一）文字叙述的编排。文字叙述包括综述、分述和简述，分别置于本书之首和各章、节下，起连接机构、名录、图表的链条作用。

本书开篇写有综述。主要叙述大连西太沿革变化、机构调整、领导班子与人才队伍建设、党的建设与思想政治工作等方面的重大决策、所采取的重要措施和取得的主要成绩、党建和企业文化建设情况等。

除第六章外，各章之首写有本层次组织机构沿革情况概述或提要。主要是围绕本层次组织机构发展主线，简要概述本层次所涉及的重大管理体制调整、组织机构或业务重组整合、领导届次变化和组织机构的基本概况等。

各节下分别写有组织机构沿革简述。简述主要记述该机构建立、撤销、分设、合并、更名、职能、业务划转、机构规格、上级下属、生产规模和业绩概况等。

（二）组织机构的编排顺序：按照领导机构、机关部门、直属机构、生产运行单位的层级排序。各层级内组织机构按成立时间先后或当时的规范顺序排序。大连西太领导机构按董事会、监事会、党组织、行政领导机构、纪委、工会依次编排。

（三）领导名录的编排顺序：按先正职、后副职和任职时间先后的顺序分别排列。行政职务排序一般为正职、副职、总师、安全总监等；党内职务编排顺序一般为正职、副职、委员。上级主管部门任命时已注明排列顺序或有规范惯例的，按文件排位顺序和届时的惯例顺序排列。一人兼任多职的，按职务名称分别排编。

本书领导名录编排顺序不代表班子成员实际排序。

（四）其他。组织机构名称出现次数较少的，一般使用全称；组织机构名称出现次数较多且名称过长或有常用简称的，第一次出现时使用全称，之后注明用简称；目录和标题中的机构名称一律用全称；涉及两个或两个以上职务名称的，在文字叙述中，职务中间使用顿号。

九、本书收录的组织机构及领导成员，均在其后括号内注明其存在或任职起止年月。任职上下限时间在同一年者，标注下限时间时省略年，例如“(20××.×—×)”；在同一个月内的，任职时间只标注年月，例如“(20××.×)”；同一组织、同一领导成员，其存在或任职年月有两个或两个以上时期时，前后两个时期之间用“；”隔开；组织机构更名后，排列时原名称在前、新名称在后，中间用“—”连接。收录的某一组织机构，在其存在时限内，其领导成员一直空缺的，在职务后括号内标注“空缺”。女性性别、少数民族族别、外籍人员国籍情况首次出现时在任职年月括号内加以标注，兼任、代理等情况也在任离职年月括号内加以标注。

十、组织机构设立和撤销时间，以大连西太董事会决议或大连西太正式下发的文件为准。

十一、领导成员任离职时间，以董事会聘任以及干部主管部门任免时间为准。属自然免职或无免职文件的，将下列情况作为离职时间：去世时间、被调离原单位的时间，办理离、退休手续的时间，新的领导人接替时间，副职升为正职的时间，机构撤销时间，随机构名称变更而职务变化的时间等。

十二、本书入编机构以人事部门机构文件为准，原则上只收录常设机构，未收录各种临时机构、领导小组、委员会等非常设机构。

十三、中国共产党各级党组织名称，一般省略“中共”二字，简写为“党委”“党总支”“党支部”等。中国共产党全国代表大会、中华人民共和国全国人民代表大会以及省市级“两会”会议代表，统一使用规范简称，如党的十九大、市人大代表等。

十四、本书采用行文括号注和页下注。领导成员的人事状况，组织的简称，专用语全称与简称的互注等一般用行文括号注，当注解文字较多时，使用页末注。

十五、本书一律使用规范的简化字。采用公历纪年，年、月、日和记数、计量、百分比均使用阿拉伯数字。表示概数或用数字构成的专用名词用汉字数字。货币单位除特指外，均指人民币。

十六、本书收录的资料，仅反映组织机构沿革、领导成员更迭变动和干部队伍发展变化的历史，不作为机构和干部个人职级待遇的依据。

目　　录

综 述

2016—2020年，是大连西太发展史上极具挑战的5年，也是奋进高质量发展道路上具有里程碑意义的5年。纳入中国石油全面管理后的大连西太肩负着奉献能源、创造和谐的使命，承载着采众家之长、创一流水平的重托，走过了一段极不平凡的改革发展历程，取得了新时代高质量发展的辉煌成就。

5年来，大连西太深入贯彻中央精神和集团公司党组决策部署，牢牢把握纳入中国石油全面管理的重大契机，按照“两步走、两领先、可持续”发展战略①和“54321”总体工作思路②，保持战略定力，以越是艰险越向前的奋进姿态，在推动高质量发展道路上迈出重要步伐，圆满完成了“十三五”任务目标。在安全环保生产、疫情防控、提质增效、党的建设、队伍建设、改革发展稳定等方面取得优异成绩，“1155”目标③全面实现，圆满完成“两步走”第一阶段的发展任务，基本实现“两领先”的发展目标。2016—2020年，累计加工原油4388万吨，实现销售收入1419亿元，利润总额45.5亿元，上缴税金285.5亿元，为国家和地方经济社会发展做出突出贡献，在大连西太发展史上写下不可磨灭的重要篇章。

---

① “两步走、两领先、可持续”发展战略。“两步走”：“十三五”期间实现“1155”目标，建成中国北部沿海最具竞争力的炼化企业；到开工投产30周年时，各项指标达到国内领先、国际一流水平，建成更高水平的示范性炼化企业。“两领先”：主要经济技术指标进入中石油炼化企业第一梯队，成本费用、运行平稳率、两金压控、计划执行率等关键指标达到领先水平；吨油利润指标达到中国石油千万吨级炼厂领先水平。“可持续”：在安全环保、发展建设、经营运作、科学管理、资源配置、依法合规、反腐倡廉、文化强企等多个方面，构建可持续发展保障机制，为实现战略蓝图提供坚实基础。

② “54321”总体工作思路：走具有大连西太自身特色的大型国有合资石化企业发展之路，坚持党的全面领导，实施“安全环保、持续发展、市场引领、管理提升、创新驱动”五大战略，推进“经济效益最大化、资源配置最优化、依法治企合规化、持续发展差异化”四项优化，构建“信息平台、人力资源、企业文化”三大支撑，促进“传统管理能力向先进治理体系、现代化工厂向智能型企业”两大转变，推动燃料型炼厂向炼化一体化、高质量发展转型升级跨越，全面深化改革，加快创新驱动，提升盈利能力和综合实力，推动公司治理体系和治理能力现代化，全面完成“两步走”战略目标，达到“两领先”更高标准，实现“可持续”稳健发展。

③ “1155”目标：加工能力1000万吨，员工总量1000人，销售收入500亿元，利润5亿元。

一、发展沿革

大连西太平洋石油化工有限公司（英文简称 WEPEC）是经国务院批准、由中法两国股东共同投资兴建的我国第一家大型中外合资石化企业。1987 年 7 月，国家正式批准立项，同意在大连经济技术开发区合资建设年加工原油 500 万吨的炼油厂。1990 年 8 月，合营各方决定召开股东会议，成立大连西太平洋石油化工有限公司，组建第一届董事会，成立大连西太筹建处。9 月，成立大连炼油厂工程建设指挥部。11 月，成立中共大连炼油厂工程建设指挥部委员会，国家对外经济贸易部正式颁发大连西太《中外合资经营企业批准证书》。1995 年 10 月，中共大连炼油厂工程建设指挥部委员会撤销，成立中共大连西太平洋石油化工有限公司委员会。11 月，撤销大连炼油厂工程建设指挥部①。1996 年 4 月，国务院第 102 次总理办公会议决定，中国石油化工总公司参股大连西太，并全权经营管理。1998 年 6 月，国务院决定将中国石油化工总公司持有的大连西太股权无偿转让给中国石油天然气集团公司（以下简称集团公司）持有并负责经营管理。1999 年 12 月，集团公司所持有的大连西太股权划转股份公司持有，并负责经营管理，调整后股东共计 5 家：股份公司占 28.436%、大连市建设投资集团有限公司（以下简称大连建投）占 15.525%、中国中化集团公司（以下简称中化）占 8.424%、中化（香港）石油国际有限公司（以下简称中化香港）占 25.208%、道达尔菲纳埃尔夫公司（以下简称道达尔）占 22.407%。大连西太行政上由股份公司直接管理，业务上由炼油与化工分公司归口管理，机构规格正局级，党组织关系隶属中共大连市委，机关办公地点在辽宁省大连市经济技术开发区港兴大街 500 号。

2016 年 10 月，中共大连西太第二次党员代表大会召开，选举产生中共大连西太第二届委员会和纪律检查委员会。中共大连西太第二届委员会由郝相民等 7 人组成，郝相民为书记；中共大连西太纪律检查委员会由 5 人组成，卢军为书记。11 月，中共大连市委组织部批复同意大连西太第二次党

① 大连西太工程建设指挥部和大连西太筹建处，两块牌子，一套人马。

员代表大会选举结果。

2018年下旬，根据集团公司党组决策部署，启动大连西太股权转让和产权挂牌交易手续，法国道达尔公司向股份公司转让其持有大连西太22.407%的股权；通过市场公开交易，股份公司分别取得中化持有大连西太8.424%和中化（香港）持有大连西太25.208%的股权。股权调整后股份公司控股84.475%，大连建投参股15.525%。

2019年4月，大连西太召开新一届股东会、董事会，同意公司性质由中外合资企业变更为内资企业（有限责任公司）。会议通过了新的公司章程。公司经营范围变更为：生产和销售石油产品和石油化工产品，包括生产危险化学品氨、苯、丙烷、丙烯、氮[液化的]、二甲苯、甲基叔丁基醚、聚丙烯（中间产品丙烯）、硫磺[①]、煤油（航空、精制）、汽油、石脑油、瓦斯（甲烷、乙烷、氢气）、液化石油气。选举产生新一届董事会、监事会，选举郝相民为董事长、杨冬艳为监事会主席；选举徐晓明、韩圣福、董亚男为董事，张寒为职工董事。5月，大连西太注册取得新版营业执照。

二、组织机构调整

截至2016年1月1日，大连西太设机关部门11个：综合部（党委宣传部）、人事部（党委组织部）、审计监察部（纪委）、财务部、计划部、生产技术部、设备部、质量安全环保部（安全监督站）、销售部、发展部、供应部。公司工会机构独立，人员挂靠在综合部（党委宣传部）。生产运行单位7个：运行一部、运行二部、运行三部、运行四部、储运部、动力部、化验监测部（环保监测中心站）。

2016年3月，大连西太成立运行五部，将运行一部的柴油加氢装置、汽油加氢装置和运行二部的气分装置、烷基化装置和MTBE装置划入运行五部，促进生产装置运行进一步优化。综合部（党委宣传部）更名为综合办公室（党委宣传部），销售部更名为销售公司，供应部更名为物供中心，化验监测部（环保监测中心站）更名为质检中心（环保监测中心站）。销售公司、

---

① “硫磺”同“硫黄”，企业惯称“硫磺”。

物供中心、质检中心（环保监测中心站）为大连西太直属机构。机关部门更改为管理部门，生产运行单位更改为运行单位，调整后大连西太设管理部门9个，直属机构3个，运行单位7个。

2017年7月，大连西太决定，将消防队从质量安全环保部（安全监督站）中分开独立，属大连西太直属机构。

2018年8月，大连西太决定撤销发展部，将发展部所辖规划处职能全部归入生产技术部，与工艺技术处合并，成立技术与规划处；将工程管理处职能全部归入设备部，与计划处合并，成立计划与项目管理处。成立企业文化部（党委宣传部），将综合办公室（党委宣传部）企业文化处划入，内部不设处，按专业线配备领导干部。综合办公室（党委办公室）增设工会办公室，负责工会日常管理工作。大连西太施行行政部门与党群部门合署办公，即：综合办公室兼党委办公室，人事部兼党委组织部，企业文化部兼党委宣传部，审计监察部兼纪委。调整后大连西太设管理部门9个，直属机构4个，运行单位7个。

2018年9月，大连西太决定成立招标管理办公室，挂靠审计监察部（纪委），负责招标管理和法律工作；成立招标中心，挂靠物供中心，负责招标过程的操作、协调。

2019年1月，大连西太决定成立企管法规部，属大连西太管理部门。将审计监察部（纪委）企管、法律法规和合同管理等人员及管理职能划入企管法规部，招标管理办公室由挂靠在审计监察部（纪委），调整至挂靠在企管法规部；成立信息中心，将综合办公室（党委办公室）信息处所辖人员及管理职能划入信息中心，属大连西太直属机构；工会办公室划入企业文化部（党委宣传部）；明确公司团委隶属企业文化部（党委宣传部）。综合办公室（党委办公室）更名为综合办公室（党办、董办、总办），审计监察部（纪委）更名为审计监察部（纪委、监事会办公室），企业文化部（党委宣传部）更名为企业文化部（党委宣传部、工会）。调整后大连西太设管理部门10个，直属机构5个，运行单位7个。

2019年9月，根据集团公司强化消防安全和专职消防队伍建设有关要求，大连西太决定，消防队更名为中国石油消防应急救援大连西太石化支队，内部组织机构简称为“消防支队”。根据中油党组关于推进纪检监察体制改革有关要求，大连西太决定，审计监察部（纪委、监事会办公室）更名为纪委办公室（审计部、监事会办公室）。

2019 年 12 月，大连西太决定，企业组织机构规格不再按局级、部门级（处级）、处室级（科级）等进行管理，全面实行层级类别管理。企业层面作为集团公司下属企业为一级，管理部门、直属机构和运行单位（处级）为二级，各单位所辖专业及处室（科级）为三级，每个层级内划分正、副。信息中心、质检中心（环保监测中心站）、消防支队等 3 个直属机构和运行一部、运行二部、运行三部、运行四部、运行五部、储运部、动力部等 7 个运行单位的机构级别由二级副（副部级、副处级）调整至二级正（正部级、正处级）。撤销综合办公室（党办、董办、总办）、人事部（党委组织部）、计划部、生产技术部、设备部、质量安全环保部（安全监督站）、财务部、纪委办公室（审计部、监事会办公室）、企业文化部（党委宣传部、工会）等 9 个管理部门和销售公司、物供中心等 2 个直属机构的内设处室，均按照专业进行管理。调整后，大连西太设管理部门 10 个、直属机构 5 个、运行单位 7 个，均为二级正，不设二级单位。

2020 年 6 月，大连西太决定进一步对组织机构进行分级分类管理。二级一类组织机构 6 个：综合办公室（党办、董办、总办）、人事部（党委组织部）、计划部、生产技术部、设备部、质量安全环保部（安全监督站）。二级二类组织机构 6 个：财务部、纪委办公室（审计部、监事会办公室）、企管法规部、企业文化部（党委宣传部、工会）、销售公司、物供中心。二级三类组织机构 10 个：信息中心、质检中心（环保监测中心站）、消防支队、运行一部、运行二部、运行三部、运行四部、运行五部、储运部、动力部。

截至 2020 年 12 月 31 日，大连西太设管理部门 10 个：综合办公室（党办、董办、总办）、人事部（党委组织部）、纪委办公室（审计部、监事会办公室）、财务部、计划部、生产技术部、设备部、质量安全环保部、企业文化部（党委宣传部、工会）、企管法规部。直属机构 5 个：销售公司、物供中心、质检中心（环保监测中心站）、消防支队、信息中心。运行单位 7 个：运行一部、运行二部、运行三部、运行四部、运行五部、储运部、动力部。在册员工 1057 人，共有党员 397 人。

三、企业发展及主要成就

“十三五”时期是大连西太历史上改革发展取得重要进展的5年，在集团公司党组的正确领导下，大连西太顺利完成股权调整，纳入中国石油全面经营管理。5年来，大连西太在发展面临诸多困难时妥善应对、迎难而上，在迎来发展机遇时审时度势、抢占先机，圆满实现“十三五”发展目标，向建设国内领先、国际一流示范性炼化企业迈进重要步伐，各方面工作都取得较好成绩。

（一）政治担当能力取得实质性提高

大连西太坚持把党的全面领导作为永恒主题，把中央精神和集团公司党组部署作为推进改革发展稳定的根本遵循，确保企业正确的政治方向和发展方向。积极承担国有企业“三大责任”，坚决打赢疫情防控阻击战，抵御突发疫情3次，实现“零疫情、零感染”目标；统筹疫情防控和生产经营，实现安全稳定大局和地区成品油市场的稳定供应，坚持把防疫物资生产作为政治任务，生产医用口罩专用料10万吨，在最困难时期为保障防疫物资应急需求做出重要贡献；加快绿色企业建设，VOCs及环保治理等项目逐步建设投用；精准对接，对口扶贫工作取得实质性成果，得到了上级组织和政府的充分肯定。

（二）经营业绩水平实现历史性突破

大连西太坚持把提升盈利能力和综合竞争实力作为重要保障，突出以市场为导向，以效益为中心理念，大力实施“大负荷、重质化、低库存、全销售”经营策略，充分利用国际国内两个市场，开展灵活经营运作。2016—2020年累计加工原油4388万吨，实现利润总额45.49亿元，与“十二五”相比分别增长15.51%和178%，其中2017年盈利26亿元，创历史最高；上缴税金285.48亿元；同口径吨油利润指标连续3年位列集团公司千万吨级炼厂前3名，一举扭转“十二五”期间连续亏损的不利局面；资产负债率由2015年的181.64%下降至142.67%；有息负债由2015年末的131.46亿元降至64亿元，减少67.46亿元，公司盈利能力和竞争实力显著提升，“1155”目标全面实现，向国内领先、国际一流示范性炼化企业建设迈出重要步伐。

（三）治理体系建设发生制度性变革

大连西太坚持把深化改革作为动力之源，持续推进企业治理体系和治理能力现代化。2018 年顺利完成股权调整，理顺体制机构，完善管控模式，把一个充满竞争活力与发展潜力的千万吨级规模炼厂和 1000 多名高素质干部员工队伍完整地、顺利地、圆满地交到集团公司党组手中，搭上了中国石油这艘远航巨轮。中国石油独特的政治优势、组织优势、资源优势、规模优势、集团优势，在大连西太得到充分体现和进一步发挥。党的全面领导和现代企业法人治理体系得到融合发展，现代企业治理体系和治理能力显著提升。

（四）生产受控水平实现标志性提升

大连西太坚持把稳中求进作为生产运行工作的总基调，持续深化拓展“四有工作法”①等生产受控管理办法，升级完善了设备运行 20 项监控，使用电子巡检、电子操作规程、电子作业票系统，定期工作全部纳入 MES 系统，生产受控保障能力持续提升。成功上线自建 MES、ERP 集成系统，为企业生产经营管理提供重要信息化支撑。顺利完成三个阶段的对标工作，在所罗门全球炼厂绩效分析体系持续发挥指导作用，各项主要经济技术指标持续提升。深化十大技术攻关，开好连续重整、汽油加氢装置，产品结构质量得到提升，靠技术进步增强企业竞争力。

（五）提质增效成绩取得突破性进展

大连西太坚持把提质增效作为应对市场竞争的生存之本，贯彻落实集团公司“四精”要求，积极应对新冠肺炎疫情和低油价冲击，按照坚持“三个导向”②、聚焦“四个突出”③、发挥“五个作用”④、提升“六种能力”⑤总体思

---

① “四有工作法”：工作有计划、行动有方案、步步有确认、事后有总结。

② “三个导向”：问题导向、目标导向、结果导向。

③ “四个突出”：突出优化原油和成品油库存，突出优化原油和产品结构调整，突出抓好装置安稳长满优运行，突出抓好挖潜增效、节能降耗举措。

④ “五个作用”：党组织在企业各项工作中的引领作用，党组织在生产经营工作中的推动融合作用，党组织在班子和队伍建设中的核心作用，党组织在凝心聚力工程中的基础保障作用，党风廉政建设在生产经营中的监督保障作用。

⑤ “六种能力”：研究谋划能力、防控风险能力、改革创新能力、群众工作能力、抓落实执行能力、学习实践能力。

路，扎实推进提质增效专项行动，采取非常规手段和革命性措施降成本、增效益，实施 200 多项两级挖潜增效和优化运行项目，累计降本增效 20.6 亿元，炼油完全加工费逐年降低，2020 年加工费 223 元 / 吨，创历史最好纪录，全面完成亏损企业治理任务，企业应对低油价的能力显著增强，综合竞争实力显著提升。

（六）改革发展面貌发生根本性变化

大连西太坚持把思想政治建设作为改革发展的不竭动力，坚持发展成果惠及全体干部员工，薪酬分配体系向一线倾斜，员工收入稳步增长，企业发展活力进一步提升。坚持以人为本，积极为员工办实事，建立补充医疗保险保障体系、持续推进困难帮扶和送温暖活动，员工幸福感获得感显著提升。坚持从严治党向纵深发展，整治形式主义、官僚主义，促进履职尽责、担当作为，弘扬新风气、正能量，干部员工队伍干事创业激情迸发。持续深化企业文化建设，深入开展公众开放日等活动，在《大连日报》等主流媒体发表文章，树立中国石油央企良好形象，为宝石花增光添彩。

四、企业领导班子队伍和人才队伍建设

大连西太党委始终贯彻新时代党的组织路线，以习近平总书记提出的建设“对党忠诚、勇于创新、治企有方、兴企有为、清正廉洁”的企业领导人员队伍为目标，坚持用好“生聚理用”的人才机制，以“搭好台子、递好梯子、铺好路子”为着力点，以三支人才队伍建设为工作重点，全面加强企业领导班子队伍和人才队伍，为企业改革发展和高素质干部队伍建设提供坚强的组织保障和人才支持。

（一）推进结构优化，强化领导班子功能

坚决贯彻新时代党的组织路线，持之以恒加强领导干部思想淬炼、政治历练、实践锻炼、专业训练。抓好“四好”班子建设，举办党的十九届四中全会精神培训班、党支部书记培训班，不断提升领导干部的“八个本领”和“七种能力”，着力打造政治坚强、本领高强、意志顽强的“三强”干部

队伍。加强基层党组织力量，配齐配强专职党支部书记，实行党政正职交叉任职，充分发挥“一岗双责”作用，进一步加强党建工作向基层延伸。结合纳入集团公司并逐步全面接轨的实际情况，优化专业要素，突出主责主业，强化优势互补，把握不同单位专业化配备需求，注重选拔经过多岗位锻炼、领导经验比较丰富的干部，优先考虑在基层和艰苦岗位经受扎实磨炼的干部。经过持续调整优化，干部队伍专业结构逐步优化，年龄结构趋于科学合理，能力素质显著提升，干部队伍的战斗力、凝聚力和活力显著增强。

（二）坚持严管厚爱，加快年轻干部培养步伐

统筹源头培养，按照“近期使用、中期培养、长远储备”的思路，加快年轻干部培养步伐。结合领导干部日常考核、年度考核、干部选拔等工作，抓好推荐后备干部工作，对民主推荐靠前、年度考核优秀的年轻干部重点关注。搭建年轻干部培养平台，利用生产调度等既贴近生产一线，需要专业知识技能又需要具备一定管理沟通协调能力的关键性岗位作为培养锻炼优秀青年人才的平台。结合青年员工日常考核和年度考核情况，确定重点关注、重点考察、重点培养群体，作为干部培养选拔的蓄水池。已经正式形成“60后”“70后”“80后”均匀分布的良性干部梯队结构，老、中、青紧密结合，互为补充，为企业长远发展和人员结构性调整打下良好基础。

（三）统筹生聚理用，加强人才队伍建设

持续推动三支队伍建设，拓宽人才成长成才道路，以经营管理岗位序列、专业技术岗位序列、操作技能等级序列为主体，构建以岗位管理为基础，以能力水平、业绩贡献为依据，尊重人才成长规律，体现岗位价值差异和不同特点的三支人才队伍成长通道岗位框架体系，理顺岗位转换和待遇福利匹配关系。开展党委联系服务专家等活动，激励各类人才建功立业；以三项制度改革为契机，开展专业技术人才队伍搭建工作；从无到有开展职业技能鉴定，员工队伍建设进一步完善。5年间，完成操作技能队伍从初级工、中级工、高级工到技师的队伍建立工作。拓展年轻技术人才和技能人才的发展空间，为优秀年轻的管理、技术、技能人才提供不同的成长成才道路。

五、加强党的建设

5年来，大连西太党的建设工作取得实质性的进步。纳入中国石油全面管理后，大连西太将党的建设正式写入了公司章程，实现中外合资企业向国有企业党建工作的平稳过渡、跨越提升。夯实基层党建“三基本”建设，完善党建工作责任体系、制度体系、考核体系，规范基层党支部基本动作，党员数量由307名增加到403名，基层党支部和党小组数量由52个增加到68个。成立专门党委工作部门，为基层单位和部分职能部门配备专职书记，专职党支部书记增至10名，专职党务人员比例由0.5%提高到2.3%，“两个1%”要求得到全面落实。规范执行政治理论学习和党内组织生活制度，高质量开展“两学一做”和“不忘初心，牢记使命”主题教育，建立“第一议题”和两级中心组政治理论学习制度，保证了政治上、思想上、理论上始终与党中央保持高度一致。建立党建责任制，推进党支部达标晋级，开展党支部书记基层党建述职评议。建设标准化“党员之家”，推进党建信息化平台建设，实现了百分百线上组织生活、组织转接、交纳党费。搭建党支部“主题党日”与生产经营结合机制，扎实开展“战严冬、转观念、勇担当、上台阶”等主题教育活动，积极发挥基层党组织的战斗堡垒作用，“大党建”工作格局逐步建立，形成党建和生产经营工作融合发展的新局面。建立意识形态责任制，深化宣传思想文化建设，选树各类市级以上劳模先进典型82人次，形成骨干力量和中坚支撑。坚持全面从严治党，持之以恒纠“四风”，认真做好上级巡视巡察反馈意见整改落实，营造风清气正的政治生态。党建工作在集团公司党建工作责任制考核中连续多年保持A级。

六、劳动组织与员工队伍管理

大连西太不断强化企业的市场主体地位，持续深入推进企业劳动、人事和分配三项制度改革，建立长效机制。按照优化协同高效、职能综合化原则，坚持扁平化、一级管理模式，统筹推进机关大部制建设。全面对照参与国内国际市场竞争要求，对企业机构设置进行全面梳理、调整和完善；持续优化业务流程，撤销或合并分散低效岗位，整合业务相近岗位，推行一岗多责、大工种大岗位设置，精干在岗用工，建立市场化运行机制。

（一）生产组织模式持续优化，机构实现“扁平化”

坚持扁平化、两级管理模式，保持联合车间生产组织模式，摒弃企业组织机构设置上下对口的传统固化思维，倡导职能部门综合化和复合型设置。以2019年所属领导干部换届调整为契机，深化组织机构和领导干部身份“去行政化”改革，全面撤销各部门（单位）内部科级组织机构，均按照专业进行管理，组织机构数量由48个减少至22个，减少54.2%。根除传统“官本位”观念，全面停止使用局处科级管理方式，建立“纵向分级、横向分类”的层级类别动态管理机制，规范领导干部职数配置，组织实施领导人员层级类别套转。坚决打破岗位界限壁垒，率先推行岗位业务交叉融合，本着“一专多能、一人多岗、一岗多责”的专业管理思路，管理岗位人员不再受原来单一处室限制，按照专业和职责分工直接接受三级领导干部领导。

（二）同质化业务不断整合，专业化管理能力得到提升

公司管理部门履行业务管理、专业技术资源统筹，机电仪等专业管理人员直接派驻联合运行部与工艺设备等专业人员共同办公，高效协同。主营业务领域“管理+技术+核心技能岗位”直接用工，其他操作服务岗位推行第三方用工；生产辅助业务按“管理+技术”岗位核定，按照分步、稳妥原则，操作技能岗位用工总量超过目标定员退出不补，以业务外包方式逐步置换，从源头上减少无效资源投入，确保员工队伍始终保持精干高效。

（三）用工方式向市场化靠近，人力资源配置持续优化

员工队伍始终精干高效，用工补充持续向一线倾斜，始终严格控制1000人用工总量不变，从源头上把好员工进入通道，生产一线、关键岗位等通过校园招聘和岗位配置不断优化；辅助性岗位和边缘岗位，择机适时进行业务外包；检维修、班车、食堂等后勤业务实行社会化服务。盘活人力资源存量，引入竞争机制，实行新入职大学生年度考核、部分管理岗位竞争上岗、员工单位内部轮岗等机制，畅通员工流动渠道，给员工创造转型的机会，选贤任能，实现“能者上、庸者下、平者让”。

第一章　领导机构

大连西太平洋石油化工有限公司是经国务院批准的中国第一家大型中外合资石化企业，成立于1990年，1992年开工建设，1996年投料试车，1997年全面投产。1996年4月，中国石化参股大连西太，并全权经营管理。1998年6月，国务院决定将中国石化持有的大连西太股权无偿转让给集团公司持有，并负责经营管理。1999年12月，集团公司所持有的大连西太股权划转股份公司持有，并负责经营管理。

1990年8月，大连西太召开股东会议，组建第一届董事会，成立大连西太筹建处；11月，成立中共大连炼油厂工程建设指挥部委员会，党组织关系隶属大连市委。1995年10月，中共大连炼油厂工程建设指挥部委员会撤销，成立中共大连西太平洋石油化工有限公司委员会。11月，撤销大连炼油厂工程建设指挥部。

截至2015年12月31日，大连西太董事会由8人组成：董事长空缺，沈殿成[①]、许云福（大连建投）、刘德树、杨林、韦亚丰、陆豪杰（道达尔）、丁士炉、杜国盛任董事。大连西太党委由6人组成：郝相民任党委书记，刘初春、金朝宽、李玉成、叶志伟、卢军任党委委员。卢军任纪委书记。大连西太行政领导班子由5人组成：郝相民任总经理，刘初春、金朝宽任副总经理，叶志伟任总工程师、安全总监，李玉成任总会计师。

2016年1月，对领导班子成员分工进行调整：

党委书记、总经理郝相民负责行政和党委全面工作，分管综合部（党委宣传部）、人事部（党委组织部）和审计监察部（纪委）。

党委委员、副总经理刘初春负责生产计划、原油选择、产品销售工作，负责计划导航、产品结构调整和优化工作，负责物资采购工作，分管计划部、销售部和供应部。

---

① 2017年3月，沈殿成调任中央企业专职外部董事；2020年11月，沈殿成因严重违纪违法接受纪律审查、监察调查；2021年5月，受到开除党籍、开除处分。

党委委员、副总经理金朝宽负责发展规划、大型技术改造及工程项目建设工作，分管发展部。

党委委员、总会计师李玉成负责财务会计管理、成本费用控制工作，负责资金安全经济管理及融资信贷工作，负责工程预决算工作，分管财务部。

党委委员、总工程师、安全总监叶志伟负责生产运行与工艺技术管理工作，负责质量安全环保管理工作。公司体系管理者代表。分管生产技术部、质量安全环保部（安全监督站）、各生产运行单位和化验监测部（环保监测中心站）。

党委委员、纪委书记卢军负责纪检监察、维护稳定工作；协助主要领导做好工会、共青团和领导交代的其他工作，分管纪委办公室，协管审计监察部（纪委）。

2016 年 3 月，大连西太第二届董事会第二十二次全体会议决定：道达尔温雯安出任董事会副董事长；韦亚丰不再担任副董事长职务。

2016 年 3 月，经研究并商得中共大连市委同意，集团公司党组决定：曲豫任大连西太党委委员。4 月，股份公司推荐曲豫为大连西太副总经理，经董事会董事传签同意曲豫任大连西太副总经理。

2016 年 4 月，大连西太第二届董事会传签同意中化钟韧出任董事会副董事长，刘德树不再担任副董事长职务。

2016 年 8 月，大连西太第二届董事会传签同意股份公司丁泉、大连建投董亚男出任董事会董事，丁士炉、许云福不再担任董事职务。

2016 年 10 月 20 日，中共大连西太第二次代表大会在大连召开，108 名党员代表和 14 名列席代表参加会议。会议选举产生中共大连西太第二届委员会和纪律检查委员会。中共大连西太委员会由卢军、叶志伟、刘初春、曲豫、李玉成、金朝宽、郝相民等 7 人组成（以姓氏笔画为序），郝相民为党委书记。中共大连西太纪律检查委员会由 5 人组成，卢军为纪委书记。大连西太党委下属基层党支部 20 个，共有党员 382 人。

2017 年 2 月，对部分领导班子成员分工进行调整：

党委书记、总经理郝相民负责行政和党委全面工作，分管综合办公室（党委宣传部）、人事部（党委组织部）。

党委委员、副总经理刘初春负责生产计划、原油采购、产品销售工作，负责物资采购工作，分管计划部、销售公司和物供中心。

党委委员、纪委书记卢军负责审计企管、纪检监察工作，负责维护稳定和工会工作，分管审计监察部（纪委）和工会。

党委委员、副总经理曲豫负责设备管理和检维修管理工作，负责固定资产实物全过程管理工作，负责保运单位管理工作，分管设备部。

2017 年 3 月，大连西太第二届董事会第二十三次全体会议决定：中化张伟、道达尔莫斯科尼任董事会副董事长；杜国盛、温雯安不再担任副董事长职务。道达尔奴北堂任董事会董事；陆豪杰不再担任董事职务。

2017 年 6 月，股份公司决定：推荐段良伟为董事会副董事长人选；沈殿成不再担任副董事长职务。推荐郝相民为董事会执行董事人选；丁泉不再担任董事职务。

2017 年 7 月，大连西太第二届董事会传签同意股份公司段良伟出任董事会副董事长；沈殿成不再担任副董事长职务。同意郝相民出任董事会执行董事；丁泉不再担任董事职务。

2017 年 8 月，对部分领导班子成员分工进行调整：

党委委员、总工程师、安全总监叶志伟负责公司生产运行与工艺技术管理工作，负责质量安全环保管理工作，公司体系管理者代表，分管生产技术部、质量安全环保部（安全监督站）、各生产运行单位、质检中心（环保监测中心站）和消防队。

2017 年 8 月，股份公司决定：李玉成退休。

2017 年 11 月，股份公司决定：曲豫任大连西太安全总监。

2017 年 11 月，经研究并商得中共大连市委同意，集团公司党组决定：朱卫东任大连西太党委委员。股份公司推荐朱卫东为大连西太副总经理，经董事会董事传签同意朱卫东任大连西太副总经理。

2017 年 12 月，对部分领导班子成员分工进行调整：

党委书记、总经理郝相民负责公司行政和党委全面工作，分管综合办公室（党委宣传部）、人事部（党委组织部）和财务部。

党委委员、副总经理、安全总监曲豫负责生产运行组织管理工作，负责安全环保（HSE）管理工作，负责设备全过程管理工作，组织召开生产经营调度会，分管生产技术部、设备部、质量安全环保部（安全监督站）、消防队以及各运行单位。

党委委员、副总经理朱卫东负责工艺技术、技改技措管理工作，负责生产及过程优化、产品质量调和、科研和新产品开发工作，负责技术攻关、节能降耗、对标（达标）管理工作，负责工艺规程管理工作，负责信息化、员工培训和档案管理工作，负责组织召开经济活动分析会，分管质检中心（环保监测中心站）。

2018 年 3 月，股份公司决定：卢军退休。

2018 年 4 月，经研究并商得中共大连市委同意，集团公司党组决定：韩圣福任大连西太党委委员，王国松任大连西太党委委员、纪委书记；免去金朝宽的大连西太党委委员职务。股份公司推荐韩圣福为大连西太总会计师，金朝宽不再担任大连西太副总经理职务。经董事会董事传签同意韩圣福任大连西太总会计师；解聘金朝宽的大连西太副总经理职务，退出领导岗位。

2018 年 4 月，对领导班子成员分工进行调整：

党委书记、总经理郝相民负责行政和党委的全面工作，分管综合办公室（党委宣传部）、人事部（党委组织部）。

党委委员、副总经理刘初春负责加工计划、原油采购、产品销售工作，负责市场新产品开发工作，负责物资采购工作，分管计划部、销售公司和物供中心。

党委委员、副总经理、安全总监曲豫负责生产运行组织管理工作，负责安全环保（HSE）管理工作，负责设备全过程管理工作，负责检维修和工程项目组织实施管理工作，负责组织召开生产经营调度会，分管生产技术部、设备部、质量安全环保部（安全监督站）、消防队以及各运行单位。

党委委员、总会计师韩圣福负责财务会计管理、成本费用控制工作，负责资金安全经济管理及融资信贷工作，负责工程预决算工作，协助主要领导做好薪酬体系管理工作，负责组织召开经济活动分析会，分管财务部，联系董事会、两会和股东方。

党委委员、副总经理朱卫东负责发展规划、技改技措、项目设计与项目“三同时”工作，负责工艺技术、生产过程优化、产品质量工作，负责科研、技术攻关、节能降耗、对标（达标）、HAZOP 分析工作，负责工艺规程管理工作，负责信息化、员工培训和档案工作，分管质检中心（环保监测中心站），联系设计院。

党委委员、纪委书记王国松负责审计、纪检监察工作，负责企管与管理流程优化工作，负责绩效考核工作，负责法律法规与风险管控工作，负责维护稳定和工会工作；协助主要领导做好党建、宣传和企业文化工作，分管审计监察部（纪委）、工会，联系法律顾问。

2018年7月，大连西太第二届董事会传签同意中化杨林、莫思宏出任董事会董事、副董事长；张伟、钟韧不再担任董事会董事、副董事长职务。叶丹出任董事会董事。

2019年1月，经研究并商得中共大连市委同意，集团公司党组决定：徐晓明任大连西太党委委员、副书记。股份公司决定：徐晓明任大连西太总经理，免去郝相民的大连西太总经理职务。

2019年1月，对领导班子成员分工进行调整：

党委书记、执行董事郝相民负责全面工作，负责改革发展战略，负责审计工作，主持党委、董事会工作，分管综合办公室（党办、董办）、人事部（党委组织部）。

党委副书记、总经理徐晓明负责董事会、党委会决策部署的组织实施，主持公司生产经营工作，负责企管法规和风险管控工作，负责Q–HSE体系运行工作，分管计划部、企管法规部、综合办公室（总办）。

党委委员、副总经理刘初春负责加工计划、原油采购和产品销售工作；负责市场新产品开发工作；负责物资采购工作，分管销售公司、物供中心，协管计划部。

党委委员、副总经理、安全总监曲豫负责生产运行组织管理工作；负责安全环保管理工作；负责设备全过程管理工作；负责检维修和工程项目组织实施管理工作，分管生产技术部、设备部、质量安全环保部（安全监督站）、消防队以及各运行单位。

党委委员、总会计师韩圣福负责财务会计管理、成本费用控制工作；负责资金安全及融资信贷工作；负责工程预决算工作。协助主要领导做好薪酬体系管理工作，分管财务部，联系股东会、股东方。

党委委员、副总经理朱卫东负责发展规划、技改技措、项目设计与项目

“三同时”工作；负责工艺技术、生产过程优化、产品质量工作；负责科研、技术攻关、节能降耗、对标（达标）、HAZOP 分析工作；负责信息化工作；负责工艺规程管理；负责培训工作，分管质检中心（环保监测中心站）、信息中心，联系规划与设计院。

党委委员、纪委书记王国松负责纪检监察工作；负责维护稳定、信访和工会工作，协助主要领导做好党建、宣传和企业文化及审计工作，分管审计监察部（纪委、监事会办公室）、企业文化部（党委宣传部、工会），联系新闻媒体。

2019 年 4 月，大连西太召开股东会、董事会、监事会会议，通过新的公司章程，选举产生新一届董事会、监事会，构建优化了完善的法人治理组织架构，并于 2019 年 5 月中旬完成工商登记变更。股份公司持股 84.475%、大连建投持股 15.525%，由股份公司全面经营管理。

2019 年 4 月，股份公司决定：郝相民任大连西太董事长。推荐郝相民、徐晓明、韩圣福、张寒为大连西太董事人选；推荐杨冬艳为大连西太监事、监事会主席人选。

2020 年 1 月，对部分领导班子成员分工进行调整：

党委书记、董事长郝相民负责全面工作，负责改革发展和稳定战略，负责审计工作，主持公司党委、董事会工作，分管综合办公室（党办、董办）、人事部（党委组织部）。

总经理、党委副书记徐晓明负责董事会、党委会决策部署的组织实施，主持生产经营工作，负责全面对标工作，负责企管法规和风险管控工作，负责 Q-HSE 体系运行工作，分管计划部、企管法规部、综合办公室（总办）。

党委委员、副总经理、安全总监曲豫负责生产运行组织管理工作；负责安全环保管理工作；负责设备全过程管理工作；负责检维修和工程项目组织实施管理工作，分管生产技术部、设备部、质量安全环保部（安全监督站）、消防支队以及各运行单位。

党委委员、总会计师韩圣福负责财务会计管理、成本费用控制工作；负责资金安全及融资信贷工作；负责工程预决算工作，协助主要领导做好薪酬体系管理工作，分管财务部。联系股东会、股东方。

党委委员、纪委书记王国松负责纪检监察工作；负责维护稳定、信访和工会工作，协助主要领导做好党建、宣传和企业文化及审计工作，分管审计纪委办公室（审计部、监事会办公室）、企业文化部（党委宣传部、工会），联系集团公司纪检监察组和地方纪委、监委。

2020年6月，股份公司决定：金朝宽退休。

2020年11月，经集团公司党组2020年10月31日研究，并商得中共大连市委同意，集团公司党组决定：左洪波任大连西太党委委员、纪委书记；免去王国松的大连西太党委委员、纪委书记职务，调哈尔滨石化分公司工作。

截至2020年12月31日，大连西太董事会由5人组成：郝相民任董事长，徐晓明、韩圣福、张寒、刘志强任董事。监事会由3人组成：杨冬艳任监事会主席。大连西太党委由7人组成：郝相民任党委书记，徐晓明任党委副书记，刘初春、曲豫、韩圣福、左洪波、朱卫东任党委委员。左洪波任纪委书记。大连西太行政领导班子由5人组成：徐晓明任总经理，刘初春、曲豫、朱卫东任副总经理，韩圣福任总会计师，曲豫兼任安全总监。

第一节　董事会（2016.1—2020.12）

截至2016年1月1日，大连西太董事会由8人组成，董事长空缺，沈殿成、许云福（大连建投）、刘德树、杨林、韦亚丰、陆豪杰（道达尔）、丁士炉、杜国盛任董事。

2016年3月，第二届董事会第二十二次全体会议决定：道达尔温雯安出任董事会副董事长；韦亚丰不再担任副董事长职务。

2016年4月，第二届董事会传签，同意中化钟韧出任董事会副董事长；刘德树不再担任副董事长职务。

2016年8月，第二届董事会传签，同意股份公司丁泉、大连建投董亚男（女）出任董事会董事；丁士炉、许云福不再担任董事。

2017年3月，第二届董事会第二十三次全体会议决定：中化张伟、道达尔莫斯科尼任董事会副董事长；杜国盛、温雯安不再担任副董事长职务。

道达尔奴北堂任董事会董事；陆豪杰不再担任董事会董事职务。

2017 年 6 月，股份公司决定：推荐段良伟为董事会副董事长人选；沈殿成不再担任副董事长职务。推荐郝相民为董事会执行董事人选。丁泉不再担任董事会董事。

2017 年 7 月，第二届董事会传签同意股份公司段良伟出任董事会副董事长；沈殿成不再担任副董事长职务。同意郝相民出任董事会执行董事；丁泉不再担任董事。

2018 年 7 月，大连西太第二届董事会传签同意中化杨林、莫思宏出任董事会董事、副董事长；张伟、钟韧不再担任董事会董事、副董事长职务；叶丹出任董事会董事。

2018 年 9 月，道达尔股份有限公司与股份公司签署大连西太平洋石油化工有限公司股权转让协议，明确并批准，免除莫斯科尼董事、副董事长职务；免除奴北堂董事职务。

2019 年 4 月，股份公司决定：郝相民任大连西太董事长。推荐郝相民、徐晓明、韩圣福为大连西太董事人选。经股东会决议，同意郝相民、徐晓明、韩圣福、大连建投董亚男为大连西太股东代表董事，与大连西太职工董事张寒，共同组成大连西太董事会。经董事会选举，郝相民任大连西太董事长。

2019 年 5 月，中化集团研究，建议杨林不再担任大连西太副董事长、董事职务，建议莫思宏不再担任大连西太副董事长、董事职务，建议叶丹不再担任大连西太董事职务。

2020 年 4 月，第三届第三次董事会会议研究决定：同意大连建投刘志强为大连西太股东代表董事，董亚男不再担任大连西太董事职务。

截至 2020 年 12 月 31 日，大连西太董事会由 5 人组成，郝相民任董事长，徐晓明、韩圣福、张寒、刘志强任董事。

董　事　长　郝相民（2019.4—2020.12）
副 董 事 长　沈殿成（股份公司，2016.1—2017.7）[①]
　　　　　　　杜国盛（中化，2016.1—2017.3）

① 2017 年 3 月，沈殿成调任中央企业专职外部董事；2020 年 11 月，沈殿成因严重违纪违法接受纪律审查、监察调查；2021 年 5 月，受到开除党籍、开除处分。

韦亚丰（法国，道达尔，2016.1—3）
刘德树（中化，2016.1—4）
温雯安（女，法国，道达尔，2016.3—2017.3）
钟　韧（中化，2016.4—2018.7）
张　伟（中化，2017.3—2018.7）
段良伟（股份公司，2017.7—2019.4）
莫斯科尼（法国，道达尔，2017.3—2018.9）
莫思宏（中化，2018.7—2019.5）
杨　林（中化，2018.7—2019.5）

执行董事　郝相民（股份公司，2017.7—2019.4）

董　　事　沈殿成（2016.1—2017.7）
丁士炉（股份公司，2016.1—8）
许云福（大连建投，2016.1—8）
刘德树（2016.1—4）
杨　林（2016.1—2019.5）
杜国盛（2016.1—2017.3）
韦亚丰（2016.1—3）
陆豪杰（法国，道达尔，2016.1—2017.3）
温雯安（女，法国，道达尔，2016.3—2017.3）
钟　韧（2016.4—2018.7）
丁　泉（股份公司，2016.8—2017.7）
董亚男（女，大连建投，2016.8—2020.4）
张　伟（2017.3—2018.7）
莫斯科尼（2017.3—2018.9）
奴北堂（法国，道达尔，2017.3—2018.9）
段良伟（2017.7—2019.4）
郝相民（2017.7—2020.12）
莫思宏（2018.7—2019.5）
叶　丹（中化，2018.7—2019.5）
徐晓明（2019.4—2020.12）

韩圣福（2019.4—2020.12）
张　寒（2019.4—2020.12）
刘志强（大连建投，2020.4—12）

第二节　监事会（2016.1—2020.12）

2019 年 4 月，股份公司决定：推荐杨冬艳为大连西太监事、监事会主席人选，提请股东会审议。股东会决议，同意选举股份公司杨冬艳、大连建投侯立新为大连西太股东代表监事，与大连西太职工监事王继光，共同组成大连西太监事会。大连西太监事会决议，选举杨冬艳为首届监事会主席。

2020 年 4 月，第三届第三次董事会会议研究决定：同意大连建投杨杰为大连西太股东代表监事，侯立新不再担任大连西太监事职务。

截至 2020 年 12 月 31 日，大连西太监事会由 3 人组成，杨冬艳任监事会主席。

主　　席　杨冬艳（股份公司，2019.4—2020.12）
监　　事　侯立新（大连建投，2019.4—2020.4）
王继光（纪委副书记，2019.4—2020.12）
杨　杰（大连建投，2020.4—12）

第三节　党委（2016.1—2020.12）

截至 2016 年 1 月 1 日，大连西太党委由 6 人组成，郝相民任党委书记，刘初春、金朝宽、李玉成、叶志伟、卢军任党委委员。

2016 年 10 月 20 日，中共大连西太平洋石油化工有限公司第二次党员代表大会召开，108 名党员代表和 14 名列席代表参加会议。会议选举产生中共大连西太平洋石油化工有限公司第二届委员会。中共大连西太平洋石油化工有限公司委员会由卢军、叶志伟、刘初春、曲豫、李玉成、金朝宽、郝相民 7 人组成，郝相民为党委书记。11 月大连市委批复，同意大连西太选举结果。

2017 年 8 月，股份公司决定：李玉成退休。

2017 年 11 月，经研究并商得中共大连市委同意，集团公司党组决定：朱卫东任大连西太党委委员。

2018 年 3 月，股份公司决定：卢军退休。

2018 年 4 月，经研究并商得中共大连市委同意，集团公司党组决定：韩圣福任大连西太党委委员，王国松任大连西太党委委员，免去金朝宽的大连西太党委委员职务。

2019 年 1 月，经研究并商得中共大连市委同意，集团公司党组决定：徐晓明任大连西太党委委员、副书记。

2020 年 6 月，股份公司决定：金朝宽退休。

2020 年 10 月，经研究并商得中共大连市委同意，集团公司党组决定：左洪波任大连西太党委委员，免去王国松的大连西太党委委员职务。

截至 2020 年 12 月 31 日，大连西太党委由 7 人组成，郝相民任党委书记，徐晓明任党委副书记，刘初春、曲豫、韩圣福、左洪波、朱卫东任党委委员。

书　　记　郝相民（2016.1—2020.12）
副 书 记　徐晓明（2019.1—2020.12）
委　　员　郝相民（2016.1—2020.12）
刘初春（2016.1—2020.12）
金朝宽（2016.1—2018.4）①
李玉成（2016.1—2017.8）②
叶志伟（2016.1—2017.8）③
卢　军（2016.1—2018.3）④
曲　豫（2016.10—2020.12）
朱卫东（2017.11—2020.12）

---

① 2018 年 4 月，金朝宽退出领导岗位。
② 2017 年 8 月，李玉成退休。
③ 2017 年 8 月，叶志伟去世。
④ 2018 年 3 月，卢军退休。

韩圣福（2018.4—2020.12）
王国松（2018.4—2020.10）[①]
徐晓明（2019.1—2020.12）
左洪波（2020.10—12）

第四节　行政领导机构（2016.1—2020.12）

一、行政领导（2016.1—2020.12）

截至2015年12月31日，大连西太行政领导班子由5人组成：郝相民任总经理，刘初春、金朝宽任副总经理，叶志伟任总工程师、安全总监，李玉成任总会计师。

2016年4月，经研究并商得中共大连市委同意，股份公司决定：推荐曲豫为大连西太副总经理，并提请大连西太董事会审议。经董事会董事传签通过，曲豫任大连西太副总经理。

2017年11月，经研究并商得中共大连市委同意，股份公司决定：推荐朱卫东为大连西太副总经理，并提请董事会审议。经董事会董事传签通过，朱卫东任大连西太副总经理。

2017年11月，股份公司决定：曲豫任大连西太安全总监。

2018年4月，经研究并商得中共大连市委同意，股份公司决定：推荐韩圣福为大连西太总会计师，金朝宽不再担任大连西太副总经理职务，并提请董事会审议。经董事会董事传签通过，韩圣福任大连西太总会计师，解聘金朝宽的大连西太副总经理职务。

2019年1月，经研究并商得中共大连市委同意，股份公司决定：徐晓明任大连西太总经理，免去郝相民的大连西太总经理职务。提请董事会审议，经董事会传签决议，任徐晓明为大连西太总经理，郝相民不再担任大连西太总经理职务。

截至2020年12月31日，大连西太行政领导班子由5人组成：徐晓明

① 2020年10月，王国松调任哈尔滨石化分公司党委委员、纪委书记。

任总经理，刘初春、曲豫、朱卫东任副总经理，韩圣福任总会计师，曲豫兼任安全总监。

总 经 理 郝相民（2016.1—2019.1）
徐晓明（2019.1—2020.12）
副总经理 刘初春（2016.1—2020.12）
金朝宽（2016.1—2018.4）
曲 豫（2016.4—2020.12）
朱卫东（2017.11—2020.12）
总工程师 叶志伟（2016.1—2017.8）
总会计师 李玉成（2016.1—2017.8）
韩圣福（2018.4—2020.12）①
安全总监 叶志伟（兼任，2016.1—2017.8）②
曲 豫（兼任，2017.11—2020.12）

副局级干部 金朝宽（2018.4—2020.6）③

二、助理、副总师（2016.1—2020.12）

截至2015年12月31日，大连西太总经理助理、副总师共5人：张成杰、曲豫、朱卫东任总经理助理，姚元勋、郭旭东任副总工程师。

2016年4月，经研究并商得中共大连市委同意，股份公司决定：推荐曲豫为大连西太副总经理，提请大连西太董事会审议。经董事会董事传签通过，曲豫任大连西太副总经理。

2016年12月，经大连西太党委会研究决定：王国松任大连西太总经理助理，董克林任大连西太运行副总监（部长级）。

2017年7月，经大连西太党委会研究决定：刘毅任大连西太运行副总监（部长级）。

2017年8月，对助理、副总师分工进行调整：

总经理助理朱卫东负责协助刘初春做好生产计划、原油采购、产品调和

① 2018年4月，韩圣福自大连石化分公司调入大连西太。
② 2017年8月至11月期间，大连西太安全总监空缺。
③ 2020年6月，金朝宽退休。

及销售工作；负责组织生产优化、对标管理和挖潜增效工作；负责经营价格的日常管理；负责公司经济活动分析的组织工作。

总经理助理王国松负责协助主要领导做好综合办公、党建和企业文化工作；协助卢军做好维护稳定和工会工作；负责机关党支部建设工作，协管综合办公室、人事部，联系董事会、两会和股东方。

副总工程师姚元勋负责协助金朝宽做好发展规划、大型技术改造和工程项目建设的技术设计、服务、检查和验收工作；负责公司科研开发工作。

副总工程师郭旭东负责协助刘初春做好物资采购工作；负责公司信息化与管理流程优化工作。

2017 年 11 月，经研究并商得中共大连市委同意，股份公司决定：推荐朱卫东为大连西太副总经理，并提请董事会审议，经董事会董事传签通过，朱卫东任大连西太副总经理。

2017 年 12 月，对部分助理、副总师分工进行调整：

副总工程师姚元勋负责协助金朝宽做好发展规划、大型技术改造和工程项目建设的技术设计、服务、检查和验收工作。

副总工程师郭旭东负责管理流程优化工作；协助刘初春做好物资采购工作；协助朱卫东做好信息化工作。

2018 年 4 月，经研究并商得中共大连市委同意，集团公司党组决定：王国松任大连西太纪委书记。随后，对助理、副总师分工进行调整：

副总工程师姚元勋负责协助朱卫东做好发展规划、技改技措、科研、技术攻关和 HAZOP 分析工作。

副总工程师郭旭东负责协助刘初春做好物资采购工作；协助朱卫东做好信息化工作。

2018 年 11 月，经大连西太党委会研究决定：张寒任大连西太总经理助理，董克林任大连西太总经理助理。

2019 年 1 月，对部分助理、副总师分工进行调整：

总经理助理张寒负责协助主要领导做好相关日常工作，负责后勤保障、治安保卫和档案工作。协助纪委书记做好维稳、信访工作，主持综合办公室（党办、董办、总办）工作。

总经理助理董克林负责协助曲豫做好安全环保、生产运行管理工作；负责生产运行分析的组织工作；负责生产班组标准化建设和岗检工作，主持质量安全环保部（安全监督站）工作，公司体系管理者代表。

副总工程师郭旭东负责协助刘初春做好物资采购和固定资产的处置工作，主持企管法规部工作。

2019年12月，经大连西太党委会研究决定：刘毅任大连西太总经理助理。

2020年1月，对助理、副总师分工进行调整：

总经理助理、职工董事、董事会秘书张寒负责协助主要领导做好相关日常工作，协助董事长做好董事会各项工作。负责后勤保障、治安保卫和档案工作。协助纪委书记做好维稳、信访工作。主持综合办公室（党办、董办、总办）工作。

总经理助理董克林负责协助曲豫做好安全环保、生产运行管理工作；负责生产运行全过程的组织协调工作；负责生产班组标准化建设和岗检工作。公司体系管理者代表。

总经理助理刘毅负责协助曲豫做好设备管理和检维修工作；负责固定资产及资产零购管理；负责设备运行分析的组织工作，主持设备部工作。

副总工程师姚元勋负责协助朱卫东做好发展规划、技改技措、科研、技术攻关和HAZOP分析工作。

2020年10月，经大连西太党委会研究决定：王军航任大连西太总经理助理。

截至2020年12月31日，大连西太总经理助理、副总师共4人：张寒、董克林、刘毅、王军航任总经理助理。

总经理助理　张成杰（2016.1—10）[①]

曲　豫（2016.1—4）

朱卫东（2016.1—2017.11）

王国松（2016.12—2018.4）

张　寒（2018.11—2020.12）

董克林（2018.11—2020.12）

① 2016年10月，张成杰退出领导岗位。

刘 毅（2019.12—2020.12）
王军航（2020.10—12）
副总工程师 姚元勋（2016.1—2020.6）①
郭旭东（2016.1—2019.10）②
运行副总监 董克林（2016.12—2018.11）
刘 毅（2017.7—2019.12）

第五节 纪委（2016.1—2020.12）

截至2016年1月1日，大连西太纪委由5人组成，卢军任纪委书记。

2016年10月20日，中共大连西太第二次代表大会在大连召开，108名党员代表和14名列席代表参加会议。会议选举产生中共大连西太纪律检查委员会。中共大连西太纪律检查委员会由5人组成，卢军为纪委书记。

2018年3月，股份公司决定：卢军退休。

2018年4月，经研究并商得中共大连市委同意，集团公司党组决定：王国松任大连西太纪委书记。

2020年10月，经研究并商得中共大连市委同意，集团公司党组决定：左洪波任大连西太纪委书记，免去王国松的大连西太纪委书记职务。

截至2020年12月31日，大连西太纪委由4人组成，左洪波任纪委书记。

书 记 卢 军（2016.1—2018.3）
王国松（2018.4—2020.10）
左洪波（2020.10—12）
副 书 记 王继光（纪委办公室主任，2016.1—2020.12）
委 员 卢 军（2016.1—2018.3）
王继光（2016.1—2020.12）
郭旭东（副总工程师，2016.1—10）

① 2020年6月，姚元勋退出领导岗位。
② 2019年10月，郭旭东退出领导岗位。

赵丽华（女，综合部部长，2016.1—10）
周余泉（纪检监察处主任，2016.1—10）
王国松（总经理助理，2016.10—2018.4；
2018.4—2020.10）
丁哲帅（人事部〈党委组织部〉部长，2016.10—
2020.12）
高晓峰（纪委办公室副主任，2016.10—2020.12）
左洪波（2020.10—12）

第六节　工会（2016.1—2020.12）

截至2016年1月1日，大连西太工会由14人组成，工会主席空缺，赵丽华任工会副主席。

2017年1月，大连西太工会换届选举，卢军、王国松、田冬、任利锐、杨光明、杨坤、史清录、宋德志、李朋宇、初尔军新当选工会委员。

截至2020年12月31日，大连西太工会由10人组成，工会主席空缺。

主　　席　（空缺）
副 主 席　赵丽华（女，综合部部长，2016.1）[①]
委　　员　王　煜（动力部电气主任，2016.1—2020.12）
李红兵（综合办公室副主任，2016.1—2020.12）
刘　毅（设备部副部长，2016.1—2017.1）
张云锋（质量安全环保部副部长，2016.1—2020.12）
陈志明（物供中心采购处主任，2016.1—2019.3）
张春来（运行一部党支部书记，2016.1—2020.12）
张疆兵（质检中心主任主管 / 质检，2016.1—
2020.12）

① 2016年1月至2020年12月期间，大连西太工会副主席空缺。

赵永利（生产技术部员工，2016.1—2020.12）
赵金刚（储运部设备主任，2016.1—2020.12）
周　峰（运行四部安全总监，2016.1—2020.12）
郝黎明（发展部规划处主任，2016.1—2017.1）
高明超（运行二部设备主任，2016.1—2017.1）
高晓峰（审计监察部纪检监察处副主任，2016.1—2017.1）
卢　军（2017.1—2018.3）
王国松（2017.1—2020.10）
田　冬（女，党群工作部主任主管 / 工会，2017.1—2020.12）
任利锐（财务部副部长，2017.1—2020.12）
杨光明（物供中心副主任，2017.1—2020.12）
杨　坤（设备部主任主管 / 仪表，2017.1—2020.12）
史清录（维修中心 HSE 总监，2017.1—2020.12）
宋德志（运行二部设备主任，2017.1—2020.12）
李朋宇（运行三部员工，2017.1—2020.12）
初尔军（运行五部 HSE 总监，2017.1—2020.12）

第二章　机关部门—管理部门

2016 年 1 月，大连西太设机关部门 11 个：综合部（党委宣传部）、人事部（党委组织部）、审计监察部（纪委）、财务部、计划部、生产技术部、设备部、质量安全环保部（安全监督站）、销售部、发展部、供应部；公司工会机构独立，人员挂靠在综合部（党委宣传部）。

2016 年 3 月，综合部（党委宣传部）更名为综合办公室（党委宣传部），销售部更名为销售公司，供应部更名为物供中心。销售公司、物供中心调整为大连西太直属机构。工会的管理职能划转到综合办公室内设企业文化处（党群工作处）。机关部门更改为管理部门。

2017 年 7 月，消防队从质量安全环保部独立出来，为大连西太直属机构。

2018 年 7 月，各单位安全总监统一更名为 HSE 总监。

2018 年 8 月，撤销发展部，成立企业文化部（党委宣传部），内部不设处，按专业线配备领导干部。大连西太明确行政部门与党群部门合署办公，即综合办公室（党委办公室）、人事部（党委组织部）、企业文化部（党委宣传部）、审计监察部（纪委）。

2018 年 9 月，成立招标管理办公室，挂靠审计监察部（纪委），负责招标管理和法律工作。

2019 年 1 月，成立企管法规部，招标管理办公室由挂靠在审计监察部（纪委）调整至挂靠在企管法规部；工会办公室划入企业文化部（党委宣传部）；明确公司团委隶属企业文化部（党委宣传部）。综合办公室（党委办公室）更名为综合办公室（党办、董办、总办），审计监察部（纪委）更名为审计监察部（纪委、监事会办公室），企业文化部（党委宣传部）更名为企业文化部（党委宣传部、工会）。

2019 年 9 月，审计监察部（纪委、监事会办公室）更名为纪委办公室（审计部、监事会办公室）。

2019 年 12 月，大连西太决定，组织机构规格不再按局级、部门级（处级）、处室级（科级）等进行管理，全面实行层级类别管理。大连西太作为集团公司下属企业为一级，管理部门、直属机构和运行单位（处级）为二级，各单位所辖专业及处室（科级）为三级，每个层级内划分正、副。撤销综合办公室（党办、董办、总办）、人事部（党委组织部）、计划部、生产技术部、设备部、质量安全环保部（安全监督站）、财务部、纪委办公室（审计部、监事会办公室）、企管法规部、企业文化部（党委宣传部、工会）10个管理部门的内设处室，均按照专业进行管理。实施领导干部“去行政化”改革。不再按“局、处、科”行政级别管理，全面施行领导干部岗位分级分类管理。公司所属领导干部分二级和三级（中层和基层），分别划分为一类、二类、三类。

2020年6月，大连西太决定，对公司组织机构进行分级分类管理：综合办公室（党办、董办、总办）、人事部（党委组织部）、计划部、生产技术部、设备部、质量安全环保部（安全监督站）为二级一类组织机构，财务部、纪委办公室（审计部、监事会办公室）、企管法规部、企业文化部（党委宣传部、工会）为二级二类组织机构。

截至2020年12月31日，大连西太设管理部门10个，管理部门党支部10个。

第一节　综合部（党委宣传部）—综合办公室（党委办公室）—综合办公室（党办、董办、总办）（2016.1—2020.12）

1994年11月，大连西太成立总务部；1996年5月，大连西太延续前期机构设置，机关部门设总务部，机构规格为正处级。2012年3月，总务部更名为综合部（党委宣传部）。

截至2016年1月1日，综合部（党委宣传部）机构规格为正处级。内设处室5个：文秘处、后勤服务处、保卫处、企业文化处、信息处，主要负责大连西太综合办公、企业文化（党委宣传）、后勤服务、治安保卫、信息化管理工作。在册员工29人，其中处级领导2人：赵丽华任部长、党支部书记，王国松任副部长。科级领导 5 人：王桂瑾任文秘处主任；李红兵任后勤服务处主任；唐守刚任保卫处主任；杜安群任企业文化处主任；王晓宁任信息处主任。党组织关系隶属大连西太党委，共有党员 13 人。

2016 年 3 月，大连西太决定，综合部（党委宣传部）更名为综合办公室（党委宣传部）。后勤服务处与保卫处合并，成立行政处。企业文化处更名为企业文化处（党群工作处），工会的管理职能划转到企业文化处（党群工作处）后，主要承担党委宣传、工会、团委、退休办等管理职能。

2016 年 3 月，大连西太决定：王国松任综合办公室主任，赵予萍任综合办公室副主任；李红兵任综合办公室（党委宣传部）行政处主任；唐守刚任综合办公室（党委宣传部）行政处副主任（处主任级）；田冬任综合办公室（党委宣传部）企业文化处（党群工作处）副主任（处主任级）。大连西太党委决定：王国松任党委宣传部主任、综合办公室党支部书记；赵予萍任党委宣传部副主任。

2016 年 6 月，大连西太决定，撤销发展部档案管理处机构设置，其职能划入综合办公室（党委宣传部）文秘处。侯永新任综合办公室（党委宣传部）文秘处副主任。

2016 年 12 月，大连西太决定：王国松任大连西太总经理助理，不再担任综合办公室主任职务；张寒任综合办公室主任，李红兵任综合办公室副主任（代理）；王桂瑾任综合办公室（党委宣传部）副主任；侯永新任综合办公室（党委宣传部）文秘处副主任（主持工作）。大连西太党委决定：王国松任不再担任党委宣传部主任、综合办公室党支部书记职务；张寒任党委宣传部主任、综合办公室党支部书记；李红兵任党委宣传部副主任。

2017 年 1 月，大连西太决定：李红兵任综合办公室副主任。大连西太党委决定：李红兵任党委宣传部副主任。

2018 年 8 月，大连西太决定：明确综合办公室与党委办公室合署办公，综合办公室（党委办公室）增设工会办公室，负责工会日常管理工作。将综合办公室（党委办公室）企业文化处（党群工作处）划入企业文化部（党委宣传部）。田冬任综合办公室（党委办公室）工会办公室主任（处主任级）。侯永新任综合办公室（党委办公室）文秘处主任；张琴任综合办公室（党委办公室）文秘处副主任。

2018 年 11 月，大连西太决定：张寒任大连西太总经理助理，仍担任综合办公室（党委办公室）主任。

2019 年 1 月，大连西太决定，将综合办公室（党委办公室）信息处整体划入信息中心。将综合办公室（党委办公室）下设的工会办公室人员及管理职能调整至企业文化部（党委宣传部），明确公司团委隶属企业文化部（党委宣传部）。综合办公室（党委办公室）更名为综合办公室（党办、董办、总办），下设文秘处、行政处。

2019 年 12 月，大连西太决定，组织机构规格实行层级类别管理，综合办公室（党办、董办、总办）为二级正（正部级、正处级）。撤销综合办公室（党办、董办、总办）内设处室，按照专业进行管理。总经理助理张寒兼任综合办公室（党办、董办、总办）主任（二级正）；李红兵任综合办公室（党办、董办、总办）副主任（二级副）；侯永新任综合办公室（党办、董办、总办）主任主管 / 文秘（三级正）；张琴任综合办公室（党办、董办、总办）副主任主管 / 文秘（三级副）；田海娟任综合办公室（党办、董办、总办）主任主管 / 行政后勤（三级副）；陈诗卓任综合办公室（党办、董办、总办）主任主管 / 保卫维稳（三级副）。

2020 年 6 月，大连西太决定，对公司组织机构进行分级分类管理，综合办公室（党办、董办、总办）为二级一类组织机构。

2020 年 10 月，大连西太决定：侯永新任综合办公室（党办、董办、总办）主任主管 / 机密（三级正）；张琴任综合办公室（党办、董办、总办）主任主管 / 文秘（三级正）。

截至 2020 年 12 月 31 日，综合办公室（党办、董办、总办）机构规格为二级一类。主要负责大连西太综合办公、后勤服务、治安保卫和信访维稳等管理工作，全面、准确地贯彻落实国家和上级部门有关的政策、法律、法规，制定各种管理制度。在册员工 24 人，其中二级正 / 副职领导 2 人：总经理助理张寒兼任主任、党支部书记；李红兵任副主任。三级正 / 副职领导 4 人：侯永新任主任主管 / 机密；张琴任主任主管 / 文秘；田海娟任主任主管 / 行政后勤；陈诗卓任主任主管 / 保卫维稳。党组织关系隶属大连西太党委，共有党员 12 人。

一、综合部（党委宣传部）（2016.1—3）

（一）综合部（党委宣传部）领导名录（2016.1—3）

部　　长　赵丽华（女，2016.1）[①]

副 部 长　王国松（2016.1—3）

（二）综合部党支部领导名录（2016.1—3）

书　　记　赵丽华（2016.1）

二、综合办公室（党委宣传部）（2016.3—2018.8）

（一）综合办公室（党委宣传部）领导名录（2016.3—2018.8）

主　　任　王国松（2016.3—12）[②]

　　　　　张　寒（2016.12—2018.8）

副 主 任　赵予萍（女，2016.3—12）

　　　　　李红兵（代理，2016.12—2017.1；2017.1—2018.8）

　　　　　王桂瑾（2016.12—2018.8）

（二）综合办公室党支部领导名录（2016.3—2018.8）

书　　记　王国松（2016.3—12）

　　　　　张　寒（2016.12—2018.8）

三、综合办公室（党委办公室）—综合办公室（党办、董办、总办）（2018.8—2020.12）

（一）综合办公室（党委办公室）—综合办公室（党办、董办、总办）领导名录（2018.8—2020.12）

主　　任　张　寒（2018.8—11；兼任，2018.11—2020.12）

副 主 任　李红兵（2018.8—2020.12）

（二）综合办公室党支部领导名录（2018.8—2020.12）

书　　记　张　寒（2018.8—2020.12）

---

① 2016年1月，赵丽华退出领导岗位；2018年5月，退休；2016年1月至3月期间，综合部（党委宣传部）部长空缺。

② 2016年12月，王国松任大连西太总经理助理。

四、内设机构

（一）文秘处（2016.1—2019.12）

主　　任　王桂瑾（2016.1—12）[①]
　　　　　侯永新（2018.8—2019.12）
副 主 任　侯永新（2016.6—12；主持工作，2016.12—2018.8）
　　　　　张　琴（女，2018.8—2019.12）

（二）后勤服务处（2016.1—3）

主　　任　李红兵（2016.1—3）

（三）保卫处（2016.1—3）

主　　任　唐守刚（2016.1—3）

（四）行政处（2016.3—2019.12）

主　　任　李红兵（2016.3—12；兼任，2016.12—2019.12）
副 主 任　唐守刚（正科级，2016.3—2016.12）

（五）企业文化处—企业文化处（党群工作处）（2016.1—2018.8）

主　　任　杜安群（2016.1—2018.8）
副 主 任　田　冬（女，正科级，2016.3—2018.8）

（六）信息处（2016.1—2019.1）

主　　任　王晓宁（2016.1—2019.1）

（七）工会办公室（2018.8—2019.1）

主　　任　田　冬（2018.8—2019.1）

五、各专业主管名录（2019.12—2020.12）

（一）主任主管/文秘　侯永新（2019.12—2020.10）
　　　　　张　琴（2020.10—12）
副主任主管/文秘　张　琴（2019.12—2020.10）

（二）主任主管/行政后勤　田海娟（女，三级副，2019.12—2020.12）

（三）主任主管/保卫维稳　陈诗卓（三级副，2019.12—2020.12）

（四）主任主管/机密　侯永新（2020.10—12）

① 2016年12月至2018年8月期间，综合办公室文秘处主任空缺，侯永新主持工作。

第二节　人事部（党委组织部）（2016.1—2020.12）

1997年1月，大连西太成立人事教育部，机构规格为正处级。2004年7月，人事教育部更名为人力资源部；2013年10月，人力资源部更名为人事部（党委组织部）。

截至2016年1月1日，人事部（党委组织部）机构规格为正处级。内设处室3个：人事处、薪酬处、培训处，主要负责大连西太干部人事、薪酬福利、员工培训等管理工作。在册员工10人，其中处级领导2人：李昌海任部长、党支部书记；赵予萍任副部长。科级领导3人：吴岩枫任人事处主任；任利锐任薪酬处主任；牟明任培训处主任。党组织关系隶属大连西太党委，共有党员7人。

2016年3月，大连西太决定：丁哲帅任人事部副部长，免去赵予萍的人事部副部长职务，调综合办公室（党委宣传部）工作。大连西太党委决定：丁哲帅任党委组织部副部长，免去赵予萍的党委组织部副部长职务。

2016年12月，大连西太决定：丁哲帅任人事部部长（代理）。大连西太党委决定：丁哲帅任党委组织部部长。

2017年2月，大连西太决定：丁哲帅任人事部部长。大连西太党委决定：丁哲帅任党委组织部部长。

2017年7月，大连西太决定：牟明任人事部（党委组织部）组织员（副部长级）；于思江任人事部（党委组织部）培训处副主任（主持工作）。

2018年8月，大连西太进一步明确，人事部与党委组织部合署办公。

2018年8月，大连西太决定：吴岩枫任人事部副部长；李洪任人事部（党委组织部）薪酬处主任，免去任利锐的人事部（党委组织部）薪酬处主任职务，调财务部工作。大连西太党委决定：吴岩枫任党委组织部副部长。

2019年12月，大连西太决定，对组织机构规格实行层级类别管理，人事部（党委组织部）为二级正（正部级、正处级）。撤销人事部（党委组织部）内设的处室，按照专业进行管理。丁哲帅任人事部（党委组织部）部长（二级正）；吴岩枫任人事部（党委组织部）副部长兼主任主管/人事（二级副）；牟明任人事部（党委组织部）组织员（二级副）；李洪任人事部（党委组织部）主任主管 / 薪酬（三级正）；于思江任人事部（党委组织部）主任主管 / 培训（三级正）。

2020 年 6 月，大连西太决定，对公司组织机构进行分级分类管理，人事部（党委组织部）为二级一类组织机构。

2020 年 10 月，大连西太决定：解书海任人事部（党委组织部）主任主管 / 绩效（三级副）。

截至 2020 年 12 月 31 日，人事部（党委组织部）机构规格为二级一类。主要负责大连西太组织机构、干部管理、员工管理、薪酬福利、绩效考核、员工培训等管理工作，全面、准确地贯彻落实国家和上级部门有关政策、法律、法规，制定各种管理制度。在册员工 12 人，其中二级正 / 副职领导 3 人：丁哲帅任部长、党支部书记；吴岩枫任副部长；牟明任组织员。三级正 / 副职领导 3 人：李洪任主任主管 / 薪酬；于思江任主任主管 / 培训；解书海任主任主管 / 绩效。党组织关系隶属大连西太党委，共有党员 10 人。

一、人事部（党委组织部）（2016.1—2020.12）

（一）人事部（党委组织部）领导名录（2016.1—2020.12）

部　　长　李昌海（2016.1—12）[①]
　　　　　　丁哲帅（代理，2016.12—2017.2；2017.2—2020.12）

副 部 长　赵予萍（女，2016.1—3）[②]
　　　　　　丁哲帅（2016.3—12）
　　　　　　吴岩枫（2018.8—2020.12）

组 织 员　牟　明（副处级，2017.7—2019.12；二级副，2019.12—2020.12）

（二）人事部党支部领导名录（2016.1—2020.12）

书　　记　李昌海（2016.1—12）
　　　　　　丁哲帅（2016.12—2020.12）

① 2016 年 12 月，李昌海退出领导岗位；2019 年 4 月，退休。
② 2016 年 3 月，赵予萍调任综合办公室（党委宣传部）副主任。

二、内设机构

（一）人事处（2016.1—2019.12）

主　　任　吴岩枫（2016.1—2018.8；兼任，2018.8—2019.12）

（二）薪酬处（2016.1—2019.12）

主　　任　任利锐（2016.1—2018.8）

李　洪（女，2018.8—2019.12）

（三）培训处（2016.1—2019.12）

主　　任　牟　明（2016.1—2017.7）[①]

副 主 任　于思江（主持工作，2017.7—2019.12）

三、各专业主管名录（2019.12—2020.12）

（一）主任主管 / 人事　吴岩枫（兼任，2019.12—2020.12）

（二）主任主管 / 薪酬　李　洪（2019.12—2020.12）

（三）主任主管 / 培训　于思江（2019.12—2020.12）

（四）主任主管 / 绩效　解书海（三级副，2020.10—12）

第三节　审计监察部（纪委）—审计监察部（纪委、监事会办公室）—纪委办公室（审计部、监事会办公室）（2016.1—2020.12）

2013 年 10 月，大连西太成立审计监察部（纪委），机构规格正处级。

截至 2016 年 1 月 1 日，审计监察部（纪委）机构规格为正处级，内部不设处，按专业线配备领导干部和管理人员。主要负责大连西太审计、企管法规、风险管控、合同管理、纪检监察等工作。在册员工 6 人，其中处级领导 1 人：王继光任部长、党支部书记。科级领导 3 人：苗青任审计内控主任；顾迎新任企业法规主任；周余泉任纪检监察主任。党组织关系隶属大连西太党委，共有党员 3 人。

2016 年 3 月，大连西太决定，成立审计监察部（纪委）纪检监察处，撤

① 2017 年 7 月至 2019 年 12 月期间，人事部培训处主任空缺，于思江主持工作。

销纪检监察主任岗。周余泉任审计监察部（纪委）纪检监察处主任；高晓峰任审计监察部（纪委）纪检监察处副主任（处主任级）；免去顾迎新的企业法规主任职务，调物供中心工作。

2016 年 10 月，大连西太决定：高晓峰任审计监察部（纪委）纪检监察处主任；免去周余泉的审计监察部（纪委）纪检监察处主任职务，退出领导岗位。

2016 年 12 月，大连西太决定，成立审计监察部（纪委）审计与企管处，撤销审计内控和企业法规主任岗。苗青任审计监察部（纪委）审计与企管处主任。

2018 年 8 月，大连西太进一步明确，审计监察部与纪委合署办公。郝黎明任审计监察部（纪委）纪检监察处副主任（处主任级）。

2018 年 8 月，大连西太决定：万小艺任审计监察部（纪委）副部长。

2018 年 9 月，大连西太决定，成立招标管理办公室，挂靠审计监察部（纪委），负责招标管理和法律工作，万小艺兼任招标管理办公室主任。

2019 年 1 月，大连西太决定，将审计监察部（纪委）企管、法律法规和合同管理等人员及管理职能划入企管法规部，撤销审计监察部（纪委）审计与企管处；招标管理办公室由挂靠在审计监察部（纪委）调整至挂靠在企管法规部；审计监察部（纪委）更名为审计监察部（纪委、监事会办公室）。苗青任审计监察部（纪委、监事会办公室）审计主任。

2019 年 9 月，大连西太决定，审计监察部（纪委、监事会办公室）更名为纪委办公室（审计部、监事会办公室），纪检监察处更名为纪检处；王继光任纪委办公室（审计部、监事会办公室）主任；高晓峰任纪委办公室（审计部、监事会办公室）纪检处主任；郝黎明任纪委办公室（审计部、监事会办公室）纪检处副主任（处主任级）。

2019 年 12 月，大连西太决定，组织机构规格实行层级类别管理，纪委办公室（审计部、监事会办公室）为二级正（正部级、正处级）。撤销纪委办公室（审计部、监事会办公室）内设的处室，按照专业进行管理。王继光任纪委办公室（审计部、监事会办公室）主任（部长）（二级正）；高晓峰任纪委办公室（审计部、监事会办公室）副主任（副部长）（二级副）；郝黎明任纪委办公室（审计部、监事会办公室）主任主管 / 纪委（三级正）。

2020年6月，大连西太决定，对公司组织机构进行分级分类管理，纪委办公室（审计部、监事会办公室）为二级二类组织机构。

2020年10月，大连西太决定：孙家胜任纪委办公室（审计部、监事会办公室）主任主管/审计（三级正），免去郝黎明的纪委办公室（审计部、监事会办公室）主任主管/纪委职务，退出领导岗位。

截至2020年12月31日，纪委办公室（审计部、监事会办公室）机构规格为二级二类。主要负责大连西太审计、纪委和监事会日常办事等工作。全面、准确地贯彻落实国家和上级部门有关政策、法律、法规，制定各种管理制度。在册员工6人，其中二级正/副职领导2人：王继光任主任（部长）、党支部书记；高晓峰任副主任（副部长）。三级正职领导1人：孙家胜任主任主管/审计。党组织关系隶属大连西太党委，共有党员6人。

一、审计监察部（纪委）—审计监察部（纪委、监事会办公室）（2016.1—2019.9）

（一）审计监察部（纪委）—审计监察部（纪委、监事会办公室）领导名录（2016.1—2019.9）

部　　长　王继光（2016.1—2019.9）

副 部 长　万小艺（女，2018.8—2019.1）[①]

（二）审计监察部党支部领导名录（2016.1—2019.9）

书　　记　王继光（2016.1—2019.9）

二、纪委办公室（审计部、监事会办公室）（2019.9—2020.12）

（一）纪委办公室（审计部、监事会办公室）领导名录（2019.9—2020.12）

主任（部长）　王继光（2019.9—2020.12）

副主任（副部长）　高晓峰（2019.12—2020.12）

（二）纪委办公室党支部领导名录（2019.9—2020.12）

书　　记　王继光（2019.9—2020.12）

三、专业线划分

（一）审计内控（2016.1—12）

主　　任　苗　青（女，2016.1—12）

① 2019年1月，万小艺调任企管法规部副部长。

（二）企业法规（2016.1—12）

主　　　任　顾迎新（2016.1—3）

（三）纪检监察（2016.1—3）

主　　　任　周余泉（2016.1—3）

四、内设机构

（一）纪检监察处—纪检处（2016.3—2019.12）

主　　　任　周余泉（2016.3—10）[①]

　　　　　　高晓峰（2016.10—2019.12）

副　主　任　高晓峰（正科级，2016.3—10）

　　　　　　郝黎明（正科级，2018.8—2019.12）

（二）审计与企管处（2016.12—2019.1）

主　　　任　苗　青（2016.12—2019.1）

（三）招标管理办公室（2018.9—2019.1）

主　　　任　万小艺（兼任，2018.9—2019.1）

（四）审计主任　苗　青（2019.1—8）[②]

五、各专业主管名录（2019.12—2020.12）

（一）主任主管/纪委　郝黎明（2019.12—2020.10）[③]

（二）主任主管/审计　孙家胜（2020.10—12）

第四节　财务部（2016.1—2020.12）

1994年11月，大连西太成立财务部；1996年5月，大连西太延续前期机构设置，机关部门设财务部，机构规格正处级。

截至2016年1月1日，财务部机构规格为正处级。内设处室3个：会计处、财务管理处、工程预决算处，主要负责大连西太财务管理、监督与核

① 2016年10月，周余泉退出领导岗位。

② 2019年8月，苗青退出领导岗位。

③ 2020年10月，郝黎明退出领导岗位。

算工作。在册员工 20 人，其中处级领导 2 人：王林任部长；景运壮任党支部书记、副部长。科级领导 3 人：李洪任会计处副主任（主持工作）；庞建阁任财务管理处主任；杨光明任工程预决算处主任。党组织关系隶属大连西太党委，共有党员 10 人。

2016 年 12 月，大连西太决定：景运壮任财务部副部长（主持工作），康伟任财务部财务管理处副主任（主持工作）；免去庞建阁的财务部财务管理处主任职务，调计划部工作。

2017 年 9 月，大连西太决定：景运壮任财务部部长；李洪任财务部会计处主任。

2018 年 8 月，大连西太决定：任利锐任财务部副部长，盛群任财务部会计处副主任（主持工作）；免去李洪的财务部会计处主任职务，调人事部（党委组织部）工作。

2019 年 12 月，大连西太决定，组织机构规格实行层级类别管理，财务部为二级正（正部级、正处级）。撤销财务部内设的处室，按照专业进行管理。景运壮任财务部部长（二级正）；任利锐任财务部副部长（二级副）；杨光明任财务部主任主管 / 工程预决算（三级正）；康伟任财务部主任主管 / 财务（三级正）；盛群任财务部主任主管 / 会计（三级副）。

2020 年 6 月，大连西太决定，对公司组织机构进行分级分类管理，财务部为二级二类组织机构。

2020 年 10 月，大连西太决定：盛群任财务部主任主管 / 会计（三级正）；孙明锋任财务部主任主管 / 工程预决算（三级副），免去杨光明的财务部主任主管 / 工程预决算职务，调物供中心工作。

截至 2020 年 12 月 31 日，财务部机构规格为二级二类。主要负责大连西太财务管理、监督与核算工作，全面、准确贯彻落实国家和上级部门有关财务、税收的政策、法律、法规，制定各种财务管理制度。在册员工 19 人，其中二级正 / 副职领导 2 人：景运壮任部长、党支部书记；任利锐任副部长。三级正 / 副职领导 3 人：康伟任主任主管 / 财务；盛群任主任主管 / 会计；孙明锋任主任主管 / 工程预决算。党组织关系隶属大连西太党委，共有党员 9 人。

一、财务部（2016.1—2020.12）

（一）财务部领导名录（2016.1—2020.12）

部　　长　王　林（2016.1—12）[①]
　　　　　景运壮（2017.9—2020.12）
副 部 长　景运壮（2016.1—12；主持工作，2016.12—2017.9）
　　　　　任利锐（2018.8—2020.12）

（二）财务部党支部领导名录（2016.1—2020.12）

书　　记　景运壮（2016.1—2020.12）

二、内设机构

（一）会计处（2016.1—2019.12）

主　　任　李　洪（女，2017.9—2018.8）[②]
副 主 任　李　洪（主持工作，2016.1—2017.9）
　　　　　盛　群（女，主持工作，2018.8—2019.12）

（二）财务管理处（2016.1—2019.12）

主　　任　庞建阁（2016.1—12）[③]
副 主 任　康　伟（主持工作，2016.12—2019.12）

（三）工程预决算处（2016.1—2019.12）

主　　任　杨光明（2016.1—2019.12）

三、各专业主管名录（2019.12—2020.12）

（一）主任主管 / 会计　　盛　群（三级副，2019.12—2020.10；2020.10—12）
（二）主任主管 / 财务　　康　伟（2019.12—2020.12）
（三）主任主管 / 工程预决算　　杨光明（2019.12—2020.10）
　　　　　　　　　　　　　　孙明锋（三级副，2020.10—12）

---

① 2016年12月，王林退出领导岗位；2019年8月，退休。2016年12月至2017年9月期间，财务部部长空缺，景运壮主持工作。

② 2016年1月至2017年9月期间，财务部会计处主任空缺，李洪主持工作；2018年8月至2019年12月期间，财务部会计处主任空缺，盛群主持工作。

③ 2016年12月至2019年12月期间，财务部财务管理处主任空缺，康伟主持工作。

第五节　计划部（2016.1—2020.12）

1999 年 5 月，大连西太成立计划部，机构规格正处级；2004 年 7 月，计划部被合并撤销；2013 年 10 月，计划部成立，机构规格正处级。

截至 2016 年 1 月 1 日，计划部机构规格为正处级。内设处室 2 个：计划处、原油处，主要负责大连西太生产计划（统计）、综合计划、线性规划（优化）、原油采购和运输业务、大宗辅助原料采购（甲醇、氢气、天然气等生产原料）等工作。在册员工 12 人，其中处级领导 2 人：于承祖任部长、党支部书记；孙海滨任副部长。科级领导 3 人：齐万臣任计划处主任；张敏任计划处副主任；张卫华任原油处主任。党组织关系隶属大连西太党委，共有党员 8 人。

2016 年 3 月，大连西太决定：孙海滨任计划部副部长（部长级）；齐万臣任计划部副部长；张敏任计划部计划处主任。

2016 年 12 月，大连西太决定：庞建阁任计划部原油处副主任（处主任级）。

2018 年 8 月，大连西太决定：齐万臣兼任计划部计划处主任，免去张敏的计划部计划处主任职务，调储运部工作。

2019 年 12 月，大连西太决定，组织机构规格实行层级类别管理，计划部为二级正（正部级、正处级）。撤销计划部内设的处室，按照专业进行管理。于承祖任计划部部长（二级正）；齐万臣任计划部副部长（二级副）；张卫华任计划部主任主管 / 原油（三级正）；代春雷任计划部主任主管 / 计划（三级副）。

2020 年 6 月，大连西太决定，对公司组织机构进行分级分类管理，计划部为二级一类组织机构。

截至 2020 年 12 月 31 日，计划部机构规格为二级一类。主要负责大连西太生产计划（统计）、综合计划、线性规划（优化）、原油采购和运输业务、大宗辅助原料采购等工作，贯彻执行上级部门有关产品生产、经营、计划等工作的各项方针、政策、法令、规章制度、指示和决定。在册员工 13 人，其中二级正 / 副职领导 2 人：于承祖任部长、党支部书记；齐万臣任副部长。三级正 / 副职领导 2 人：张卫华任主任主管 / 原油；代春雷主任主管 / 计划。党组织关系隶属大连西太党委，共有党员 10 人。

一、计划部（2016.1—2020.12）

（一）计划部领导名录（2016.1—2020.12）

部　　　长　于承祖（2016.1—2020.12）

副　部　长　孙海滨（2016.1—3；正处级，2016.3—2019.12）

　　　　　　齐万臣（2016.3—2020.12）

公司资深技术专家　孙海滨（2019.12—2020.12）

公司级线性规划专家　张芳华（2016.1—2019.12）

公司高级技术专家　张芳华（2019.12—2020.12）

（二）计划部党支部领导名录（2016.1—2020.12）

书　　　记　于承祖（2016.1—2020.12）

二、内设机构

（一）计划处（2016.1—2019.12）

主　　　任　齐万臣（2016.1—3）

　　　　　　张　敏（2016.3—2018.8）

　　　　　　齐万臣（兼任，2018.8—2019.12）

副　主　任　张　敏（2016.1—3）

（二）原油处（2016.1—2019.12）

主　　　任　张卫华（2016.1—2019.12）

副　主　任　庞建阁（正科级，2016.12—2017.6）①

三、各专业主管名录（2019.12—2020.12）

（一）主任主管 / 原油　张卫华（2019.12—2020.12）

（二）主任主管 / 计划　代春雷（三级副，2019.12—2020.12）

---

① 2017 年 6 月，庞建阁辞职。

第六节　生产技术部（2016.1—2020.12）

1994 年 11 月，大连西太成立生产部；1996 年 5 月，大连西太延续前期机构设置，机关部门设生产部，机构规格正处级。1996 年 6 月，生产部更名为总调度室；1999 年 5 月，总调度室更名为生产部；2004 年 7 月，生产部与安全技术监察部合并，成立安全运行部；2012 年 3 月，安全运行部撤销，成立生产部；2013 年 10 月，生产部更名为生产技术部。

截至 2016 年 1 月 1 日，生产技术部机构规格为正处级。内设处室 3 个：生产运行处、工艺技术处、计量处，主要负责大连西太生产运行、工艺技术、计量等管理工作。在册员工 24 人，其中处级领导 3 人：张寒任部长、党支部书记；范文军、董克林任副部长。科级领导 3 人：贺兆伟任生产运行处主任；孙玉祥任工艺技术处主任；王健任计量处主任。党组织关系隶属大连西太党委，共有党员 16 人。

2016 年 3 月：大连西太决定：张锋镝任生产技术部生产运行处副主任（主持工作），免去贺兆伟的生产技术部生产运行处主任职务，调质检中心（环保监测中心站）工作。

2016 年 12 月，大连西太决定：范文军任生产技术部部长；免去张寒的生产技术部部长职务，调综合办公室（党委宣传部）工作；陈永军任生产技术部副部长（部长级）。大连西太党委决定：范文军任生产技术部党支部书记，免去张寒的生产技术部党支部书记职务。

2017 年 7 月，大连西太决定：曹永胜任生产技术部副部长。

2017 年 9 月，大连西太决定，将储运部计量班操作人员和职能划归生产技术部计量处。陈长余任生产技术部计量处主任。

2018 年 5 月，大连西太决定：闫庆东任生产技术部工艺技术处主任，免去孙玉祥的生产技术部工艺技术处主任职务。

2018 年 8 月，大连西太撤销发展部，将发展部所辖规划处人员和职能全部归入生产技术部，与工艺技术处合并，成立技术与规划处。聂士新任生产技术部副部长（部长级）；闫庆东任生产技术部技术与规划处主任；免去张锋镝的生产技术部生产运行处副主任（主持工作）职务，调动力部工作；于明欣任生产技术部生产运行处副主任（主持工作）。

2019 年 12 月，大连西太决定，组织机构规格实行层级类别管理，生产技术部为二级正（正部级、正处级）。撤销生产技术部内设的处室，按照专业进行管理。范文军任生产技术部部长、党支部副书记（二级正）；贺兆伟任生产技术部党支部书记、副部长（二级正）；聂士新任生产技术部副部长（二级正）；曹永胜任生产技术部副部长（二级副）；闫庆东任生产技术部主任主管 / 技术与规划（三级正）；陈长余任生产技术部主任主管 / 计量（三级正）；于明欣任生产技术部主任主管 / 生产运行（三级副）；颜炳琳任生产技术部副主任主管 / 生产运行（三级副）。免去陈永军的生产技术部副部长（部长级）职务，调企管法规部工作。

2020 年 6 月，大连西太决定，对公司组织机构进行分级分类管理，生产技术部为二级一类组织机构。

2020 年 10 月，大连西太决定：闫庆东任生产技术部副部长兼主任主管 / 技术与规划（二级副）；于明欣任生产技术部主任主管 / 生产运行（三级正）。

截至 2020 年 12 月 31 日，生产技术部机构规格为二级一类。主要负责大连西太生产运行、工艺技术、计量、发展规划、科研管理等工作，负责组织贯彻执行上级部门有关生产运行、工艺技术、计量、发展规划、科技管理方面的方针、政策、法规、法令和指示等。在册员工 41 人，其中二级正 / 副职领导 5 人：范文军任部长、党支部副书记；贺兆伟任党支部书记、副部长；聂士新任副部长；曹永胜任副部长；闫庆东任副部长兼主任主管 / 技术与规划。三级正 / 副职领导 3 人：陈长余任主任主管 / 计量；于明欣任主任主管 / 生产运行；颜炳琳任副主任主管 / 生产运行。党组织关系隶属大连西太党委，共有党员 21 人。

一、生产技术部（2016.1—2020.12）

（一）生产技术部领导名录（2016.1—2020.12）

部　　长 张　寒（2016.1—12）[①]

① 2016 年 12 月，张寒调任综合（党委宣传部）主任。

范文军（2016.12—2020.12）

副　　部　　长　范文军（2016.1—12）

董克林（2016.1—12）[①]

陈永军（正处级，2016.12—2019.12）[②]

曹永胜（2017.7—2020.12）

聂士新（正处级，2018.8—2020.12）

贺兆伟（二级正，2019.12—2020.12）

闫庆东（2020.10—12）

公司资深技术专家　霍宗双（2020.10—12）

（二）生产技术部党支部领导名录（2016.1—2020.12）

书　　　　记　张　寒（2016.1—12）

范文军（2016.12—2019.12）

贺兆伟（2019.12—2020.12）

副　　书　　记　范文军（2019.12—2020.12）

二、内设机构

（一）生产运行处（2016.1—2019.12）

主　　　　任　贺兆伟（2016.1—3）[③]

副　　主　　任　张锋镝（主持工作，2016.3—2018.8）

于明欣（主持工作，2018.8—2019.12）

（二）工艺技术处（2016.1—2018.8）

主　　　　任　孙玉祥（2016.1—2018.5）[④]

闫庆东（2018.5—8）

（三）技术与规划处（2018.8—2019.12）

主　　　　任　闫庆东（2018.8—2019.12）

（四）计量处（2016.1—2019.12）

主　　　　任　王　健（2016.1—2017.9）

---

① 2016年12月，董克林任大连西太运行副总监（部长级）。

② 2019年12月，陈永军调任企管法规部部长。

③ 2016年3月至2019年12月期间，生产技术部生产运行处主任空缺。

④ 2018年5月，孙玉祥退出领导岗位。

陈长余（2017.9—2019.12）

三、各专业主管名录（2019.12—2020.12）

（一）主任主管/生产运行　　于明欣（三级副，2019.12—2020.10；2020.10—12）

副主任主管/生产运行　　颜炳琳（2019.12—2020.12）

（二）主任主管/技术与规划　　闫庆东（2019.12—2020.10；兼任，2020.10—12）

（三）主任主管/计量　　陈长余（2019.12—2020.12）

第七节　设备部（维修中心）（2016.1—2020.12）

1994年11月，大连西太成立机动部；1996年5月，大连西太延续前期机构设置，机关部门设机动部，机构规格正处级。2004年7月，机动部更名为设备部。2013年10月，设备部内部加挂维修中心牌子。

截至2016年1月1日，设备部机构规格为正处级。内设处室4个：设备处、电力处、仪表处、计划处，主要负责大连西太设备、机械、仪表、电气等管理工作，在册员工110人，其中处级领导3人：孙方亮任部长、党支部书记、维修中心主任；刘毅、王梦炽任副部长。科级领导6人：王新军任设备处主任；程辉任电力处主任；陈长余任仪表处主任；王晨任计划处主任；方海周任计划处副主任；赵文衡任维修中心仪表维修主任。党组织关系隶属大连西太党委，共有党员48人。

2016年3月，大连西太决定：杨坤任设备部仪表处副主任。

2016年10月，大连西太决定：免去赵文衡的维修中心仪表维修主任职务，退出领导岗位。

2016年12月，大连西太决定：高明超任设备部设备处主任；季福立任设备部设备处副主任（处主任级）；王班任设备部维修中心安全总监（处副主任级）。

2017 年 7 月，大连西太决定：王梦炽任设备部部长、维修中心主任；免去孙方亮的设备部部长、维修中心主任职务，调发展部工作；高明超任设备部副部长；程辉任设备部副部长；季福立任设备部设备处主任；何永明任设备部电力处副主任（主持工作）。大连西太党委决定：王梦炽任设备部党支部书记，免去孙方亮的设备部党支部书记职务。

2017 年 9 月，大连西太决定：杨坤任设备部仪表处副主任（主持工作）；免去陈长余的设备部仪表处主任职务，调生产技术部工作；金勇任设备部仪表处副主任。

2018 年 7 月，大连西太决定，各单位安全总监统一更名为 HSE 总监。

2018 年 8 月，大连西太撤销发展部，将发展部所辖工程管理处人员和职能全部归入设备部，与计划处合并，成立计划与项目管理处。孙方亮任设备部党支部书记、副部长（部长级）；王晨任设备部计划与项目管理处主任；史清录任设备部计划与项目管理处副主任（处主任级）；朱力辉任设备部设备处副主任（处主任级）；杨坤任设备部仪表处主任。

2019 年 12 月，大连西太决定，组织机构规格实行层级类别管理，设备部为二级正（正部级、正处级）。撤销设备部内设的处室，按照专业进行管理。总经理助理刘毅同时任设备部部长、副书记（二级正）；孙方亮任设备部党支部书记、副部长（二级正）；程辉任设备部副部长、维修中心主任（二级副）；高明超任设备部主任主管 / 设备运行（三级正）；王晨任设备部主任主管 / 计划与项目（三级正）；季福立任设备部主任主管 / 设备（三级正）；史清录任设备部维修中心 HSE 总监兼副主任主管 / 计划与项目（三级正）；朱力辉任设备部副主任主管 / 设备（三级正）；杨坤任设备部主任主管 / 仪表（三级正）；何永明任设备部主任主管 / 电力（三级正）；金勇任设备部副主任主管 / 仪表（三级副）。

2020 年 6 月，大连西太决定，对公司组织机构进行分级分类管理，设备部为二级一类组织机构。

2020 年 10 月，大连西太决定：高明超任设备部副部长（二级副）；邵林运任设备部副主任主管 / 电力（三级副）。

截至 2020 年 12 月 31 日，设备部机构规格为二级一类。主要负责大连西太设备、电力运行、工程项目管理、工程质量监督管理等工作。在册员工

90 人，其中二级正 / 副职领导 4 人：总经理助理刘毅同时任部长、党支部副书记；孙方亮任党支部书记、副部长；程辉任副部长；高明超任副部长。三级正 / 副职领导 8 人：王晨任主任主管 / 计划与项目；季福立任主任主管 / 设备；史清录任维修中心 HSE 总监、副主任主管 / 计划与项目；朱力辉任副主任主管 / 设备；杨坤任主任主管 / 仪表；何永明任主任主管 / 电力；金勇任副主任主管 / 仪表；邵林运任副主任主管 / 电力。党组织关系隶属大连西太党委，共有党员 42 人。

一、设备部（2016.1—2020.12）

（一）设备部领导名录（2016.1—2020.12）

部　　　长　孙方亮（2016.1—2017.7）[①]
王梦炽（2017.7—2019.12）
刘　毅（兼任，2019.12—2020.12）

副　部　长　刘　毅（2016.1—2017.7）[②]
王梦炽（2016.1—2017.7）
高明超（2017.7—2018.5；2020.10—12）
程　辉（2017.7—2020.12）
孙方亮（二级正，2018.8—2020.12）

公司级控制仪表专家　夏　毅（2016.1—2019.12）
公司高级技术专家　夏　毅（2019.12—2020.12）

（二）设备部党支部领导名录（2016.1—2020.12）

书　　　记　孙方亮（2016.1—2017.7；2018.8—2020.12）
王梦炽（2017.7—2018.8）

副　书　记　刘　毅（2019.12—2020.12）

二、维修中心领导名录（2016.1—2020.12）

主　　　任　孙方亮（2016.1—2017.7）
王梦炽（2017.7—2019.12）

---

① 2017 年 7 月，孙方亮调任发展部部长、党支部书记。

② 2017 年 7 月，刘毅任大连西太设备运行副总监（部长级）。

程　辉（2019.12—2020.12）

仪表维修主任　赵文衡（正科级，2016.1—10）[①]

安 全 总 监　王　班（副科级，2016.12—2018.7）

H S E 总 监　王　班（副科级，2018.7—2019.12）

史清录（2019.12—2020.12）

三、内设机构

（一）设备处（2016.1—2019.12）

主　　　任　王新军（2016.1—12）

高明超（2016.12—2017.7）

季福立（2017.7—2019.12）

副　主　任　季福立（正科级，2016.12—2017.7）

朱力辉（正科级，2018.8—2019.12）

设备运行主任　高明超（正科级，2018.5—2019.12）

（二）电力处（2016.1—2019.12）

主　　　任　程　辉（2016.1—2017.7）[②]

副　主　任　何永明（主持工作，2017.7—2019.12）

（三）仪表处（2016.1—2019.12）

主　　　任　陈长余（2016.1—2017.9）[③]

杨　坤（2018.8—2019.12）

副　主　任　杨　坤（2016.3—2017.9；主持工作，2017.9—2018.8）

金　勇（2017.9—2019.12）

（四）计划处（2016.1—2018.8）

主　　　任　王　晨（2016.1—2018.8）

副　主　任　方海周（2016.1—5）

（五）计划与项目管理处（2018.8—2019.12）

主　　　任　王　晨（2018.8—2019.12）

① 2016 年 10 月，赵文衡退出领导岗位。

② 2017 年 7 月至 2019 年 12 月期间，设备部电力处主任空缺。

③ 2017 年 9 月至 2018 年 8 月期间，设备部仪表处主任空缺。

副　主　任　史清录（正科级，2018.8—2019.12）

四、各专业主管名录（2019.12—2020.12）

（一）主任主管 / 设备运行　　高明超（2019.12—2020.10）

（二）主任主管 / 计划与项目　　王　晨（2019.12—2020.12）

副主任主管 / 计划与项目　　史清录（兼任，三级正，2019.12—2020.12）

（三）主任主管 / 设备　　季福立（2019.12—2020.12）

副主任主管 / 设备　　朱力辉（三级正，2019.12—2020.12）

（四）主任主管 / 仪表　　杨　坤（2019.12—2020.12）

副主任主管 / 仪表　　金　勇（2019.12—2020.12）

（五）主任主管 / 电力　　何永明（2019.12—2020.12）

副主任主管 / 电力　　邵林运（2020.10—12）

第八节　质量安全环保部（安全监督站）（2016.1—2020.12）

1994年11月，大连西太成立安全部；1996年5月，大连西太延续前期机构设置，机关部门设安全部，机构规格正处级；1996年8月，安全部更名为安全技术监察部；2004年7月，安全技术监察部和生产部合并成立安全运行部；2012年3月，大连西太撤销安全运行部，成立安全环保部；2013年10月，安全环保部更名为质量安全环保部，加挂安全监督站牌子。

截至2016年1月1日，质量安全环保部机构规格正处级。内设处室4个：安全监督处、环保处、安全技术与质量处、消防队，主要负责大连西太安全监督、安全技术、环保监督、质量标准化及消防管理工作。在册员工36人，其中处级领导3人：张德伟任部长、党支部书记；李艳良、郭建民任副部长。科级领导6人：张满山任安全监督站站长、安全监督处主任；李振海任环保处主任；张云锋任安全技术与质量处主任；吴学英任安全技术与质量处副主任；王长发、郑学财任消防队副队长。党组织关系隶属大连西太党委，共有党员 16 人。

2016 年 3 月，大连西太决定：王照力任质量安全环保部副部长；王长发任质量安全环保部消防队队长（处主任级）。

2016 年 6 月，大连西太决定：由世锋任质量安全环保部安全技术与质量处副主任（处主任级）。

2016 年 10 月，大连西太决定：免去吴学英的质量安全环保部安全技术与质量处副主任职务，退出领导岗位。

2016 年 12 月，大连西太决定：张满山任安全监督站站长、质量安全环保部安全监督处主任（副部长级）。

2017 年 7 月，大连西太决定，消防队从质量安全环保部独立出来，列大连西太直属机构，机构规格副处级。王照力任消防队队长、党支部书记。

2017 年 9 月，大连西太决定：张满山任质量安全环保部副部长。

2018 年 8 月，大连西太决定：张云锋任质量安全环保部副部长、安全技术与质量处主任；免去张德伟的质量安全环保部部长职务，调企业文化部（党委宣传部）工作；免去郭建民的质量安全环保部副部长职务，调物供中心工作。大连西太党委决定：董克林任质量安全环保部党支部书记，免去张德伟的质量安全环保部党支部书记职务。

2018 年 11 月，大连西太决定：董克林任总经理助理兼质量安全环保部部长。

2019 年 12 月，大连西太决定，组织机构规格实行层级类别管理，质量安全环保部为二级正（正部级、正处级）。撤销质量安全环保部内设的处室，按照专业进行管理。王梦炽任质量安全环保部部长、党支部副书记（二级正）；李艳良任质量安全环保部党支部书记、副部长（二级正）；张满山任质量安全环保部副部长、安全监督站站长、主任主管 / 安全监督（二级副）；张云锋任质量安全环保部副部长兼主任主管 / 安全技术与质量（二级副）；李振海任质量安全环保部主任主管 / 环保（三级正）；由世锋任质量安全环保部副主任主管 / 安全技术与质量（三级正）。

2020 年 6 月，大连西太决定，对公司组织机构进行分级分类管理，质量安全环保部为二级一类组织机构。

2020 年 10 月，大连西太决定：王梦炽任质量安全环保部部长、副书记

（二级正）。

截至 2020 年 12 月 31 日，质量安全环保部机构规格为二级一类。主要负责大连西太安全管理、安全技术、环保管理、质量管理、体系管理等工作，负责贯彻落实国家、集团公司和地方政府有关质量、安全、环保、职业卫生的法律法规、国家标准，执行行业、企业相关标准、规范等。在册员工 26 人，其中二级正 / 副职领导 4 人：王梦炽任质量安全环保部部长、副书记；李艳良任党支部书记、副部长；张满山任副部长、安全监督站站长、主任主管 / 安全监督；张云锋任副部长、主任主管 / 安全技术与质量。三级正 / 副职领导 2 人。李振海任主任主管 / 环保；由世锋任副主任主管 / 安全技术与质量。党组织关系隶属大连西太党委，共有党员 12 人。

一、质量安全环保部（2016.1—2020.12）

（一）质量安全环保部领导名录（2016.1—2020.12）

部　　长　张德伟（2016.1—2018.8）[①]
　　董克林（兼任，2018.11—2019.12）
　　王梦炽（2019.12—2020.12）

副 部 长　李艳良（2016.1—2019.12；二级正，2019.12—2020.12）
　　郭建民（2016.1—2018.8）[②]
　　王照力（2016.3—2017.7）[③]
　　张满山（2017.9—2020.12）
　　张云锋（2018.8—2020.12）

（二）质量安全环保部党支部领导名录（2016.1—2020.12）

书　　记　张德伟（2016.1—2018.8）
　　董克林（2018.8—2019.12）
　　李艳良（2019.12—2020.12）

副 书 记　王梦炽（2019.12—2020.12）

---

① 2018 年 8 月，张德伟调任企业文化部（党委宣传部）部长、党支部书记。2018 年 8 月至 11 月期间，大连西太质量安全环保部部长空缺。

② 2018 年 8 月，郭建民调任物供中心副主任。

③ 2017 年 7 月，王照力调任消防队队长、党支部书记。

二、安全监督站（2016.1—2020.12）

站　　　长　张满山（2016.1—2020.12）

三、内设机构

（一）安全监督处（2016.1—2019.12）

主　　　任　张满山（2016.1—12；副处级，2016.12—2017.9；兼任，2017.9—2019.12）

（二）环保处（2016.1—2019.12）

主　　　任　李振海（2016.1—2019.12）

（三）安全技术与质量处（2016.1—2019.12）

主　　　任　张云锋（2016.1—2018.8；兼任，2018.8—2019.12）

副　主　任　吴学英（女，2016.1—10）①

由世锋（正科级，2016.6—2019.12）

（四）消防队（2016.1—2017.7）

队　　　长　王长发（2016.3—2017.7）②

副　队　长　王长发（2016.1—3）

郑学财（2016.1—2017.7）

四、各专业主管名录（2019.12—2020.12）

（一）主任主管 / 安全监督　张满山（兼任，2019.12—2020.12）

（二）主任主管 / 安全技术与质量　张云锋（兼任，2019.12—2020.12）

副主任主管 / 安全技术与质量　由世锋（三级正，2019.12—2020.12）

（三）主任主管 / 环保　李振海（2019.12—2020.12）

① 2016 年 10 月，吴学英退出领导岗位。

② 2016 年 1 月至 3 月，大连西太质量安全环保部消防队队长空缺。

第九节　发展部（2016.1—2018.8）

1995 年 12 月，大连西太成立工程部；1996 年 5 月，大连西太延续前期机构设置，机关部门设工程部，机构规格正处级。2004 年 7 月，工程部更名为发展部。

截至 2016 年 1 月 1 日，发展部机构规格为正处级。内设处室 3 个：规划处、工程管理处、档案管理处，主要负责大连西太发展规划、科技管理、工程项目管理、工程质量监督管理和档案管理工作。在册员工 20 人，其中处级领导 3 人：李长君任部长；魏永建任党支部书记、副部长；聂士新任副部长。科级领导 3 人：郝黎明任规划处主任；史清录任工程管理处主任；李胜步任档案管理处主任。党组织关系隶属大连西太党委，共有党员 12 人。

2016 年 6 月，大连西太决定，撤销发展部档案管理处机构设置，其职能划入综合办公室（党委宣传部）文秘处。李胜步任发展部规划处副主任（处主任级）。

2016 年 11 月，大连西太决定：免去魏永建的发展部副部长职务，退出领导岗位。大连西太党委决定：免去魏永建的发展部党支部书记职务。

2016 年 12 月，大连西太决定：聂士新任发展部部长。大连西太党委决定：聂士新任发展部党支部书记。

2017 年 7 月，大连西太决定：孙方亮任发展部部长，聂士新任发展部副部长（部长级）。大连西太党委决定：孙方亮任发展部党支部书记，免去聂士新的发展部党支部书记职务。

2018 年 8 月，大连西太决定撤销发展部，将发展部所辖规划处人员和职能全部归入生产技术部，与工艺技术处合并，成立技术与规划处；将所辖工程管理处人员和职能全部归入设备部，与计划处合并，成立计划与项目管理处。

一、发展部（2016.1—2018.8）

（一）发展部领导名录（2016.1—2018.8）

部　　长　李长君（2016.1—12）①
聂士新（2016.12—2017.7）
孙方亮（2017.7—2018.8）

副 部 长　魏永建（2016.1—11）②
聂士新（2016.1—12；正处级，2017.7—2018.8）

（二）发展部党支部领导名录（2016.1—2018.8）

书　　记　魏永建（2016.1—11）③
聂士新（2016.12—2017.7）
孙方亮（2017.7—2018.8）

二、内设机构

（一）规划处（2016.1—2018.8）

主　　任　郝黎明（2016.1—2018.8）

副 主 任　李胜步（正科级，2016.6—2018.8）

（二）工程管理处（2016.1—2018.8）

主　　任　史清录（2016.1—2018.8）

（三）档案管理处（2016.1—6）

主　　任　李胜步（2016.1—6）

第十节　企业文化部（党委宣传部）—企业文化部（党委宣传部、工会）（2018.8—2020.12）

2018 年 8 月，大连西太成立企业文化部（党委宣传部），机构规格正处级，将综合办公室（党委办公室）企业文化处（党群工作处）划入，内部不

① 2016 年 12 月，李长君退出领导岗位；2019 年 11 月，退休。

② 2016 年 11 月，魏永建退出领导岗位。

③ 2016 年 11 月至 12 月期间，发展部党支部书记空缺。

设处室，按专业线配备领导干部。主要负责公司干部员工思想政治理论教育、企业文化建设、新闻宣传管理、网络新闻发布、新闻舆情监控、突发事件新闻媒体应对、统战工作、青年工作等。张德伟任企业文化部（党委宣传部）部长、党支部书记；王桂瑾任企业文化部（党委宣传部）副部长；杜安群任企业文化部（党委宣传部）企业文化主任。在册员工 3 人，其中领导人数 3 人。党组织关系隶属大连西太党委，共有党员 3 人。

2019 年 1 月，大连西太决定，将综合办公室（党委办公室）下设的工会办公室人员及管理职能调整至企业文化部（党委宣传部）；明确公司团委隶属企业文化部（党委宣传部）。企业文化部（党委宣传部）更名为企业文化部（党委宣传部、工会），下设工会办公室、团委。杜安群任企业文化部（党委宣传部、工会）企业文化主任、团委书记；田冬任企业文化部（党委宣传部、工会）工会办公室主任。

2019 年 12 月，大连西太决定，组织机构规格实行层级类别管理，企业文化部（党委宣传部、工会）为二级正（正部级、正处级）。撤销企业文化部（党委宣传部、工会）内设的处室，按照专业进行管理。张德伟任企业文化部（党委宣传部、工会）部长（二级正）；王桂瑾任企业文化部（党委宣传部、工会）副部长（二级副）；田冬任企业文化部（党委宣传部、工会）主任主管 / 工会（三级正）；李健任企业文化部（党委宣传部、工会）主任主管 / 企业文化、团委书记（三级副），免去杜安群的企业文化部（党委宣传部、工会）企业文化主任、团委书记职务，调储运部工作。

2020 年 6 月，大连西太决定，对公司组织机构进行分级分类管理，企业文化部（党委宣传部、工会）为二级二类组织机构。

截至 2020 年 12 月 31 日，企业文化部（党委宣传部、工会）机构规格为二级二类。主要负责大连西太干部员工思想政治理论教育、企业文化建设、新闻宣传及舆情监控、统战工作、团委、工会等工作。在册员工 4 人，其中二级正 / 副职领导 2 人：张德伟任部长、党支部书记；王桂瑾任副部长。三级正 / 副职领导 2 人：田冬任主任主管 / 工会；李健任主任主管 / 企业文化、团委书记。党组织关系隶属大连西太党委，共有党员 4 人。

一、企业文化部（党委宣传部）—企业文化部（党委宣传部、工会）（2018.8—2020.12）

（一）企业文化部（党委宣传部）—企业文化部（党委宣传部、工会）领导名录（2018.8—2020.12）

部　　长　张德伟（2018.8—2020.12）

副 部 长　王桂瑾（2018.8—2020.12）

（二）企业文化部党支部领导名录（2018.8—2020.12）

书　　记　张德伟（2018.8—2020.12）

二、专业线划分

（一）企业文化（2018.8—2019.12）

主　　任　杜安群（2018.8—2019.12）

（二）团委（2016.1—2019.12）

书　　记　杜安群（2016.1—2019.12）[①]

三、下设工会办公室（2019.1—12）

主　　任　田　冬（女，2019.1—12）

四、各专业主管名录（2019.12—2020.12）

（一）主任主管 / 工会　　田　冬（2019.12—2020.12）

（二）主任主管 / 企业文化　　李　健（三级副，2019.12—2020.12）

（三）团委书记　　李　健（三级副，2019.12—2020.12）

第十一节　企管法规部（2019.1—2020.12）

2019 年 1 月，大连西太成立企管法规部，机构规格正处级，为管理部门，主要负责公司企业管理、法律事务、招投标管理、合同管理、合规管理、管理提升、内部控制、风险管理、流程管理等工作。将审计监察部（纪委）现有企管、法律法规和合同管理等人员及管理职能划入企管法规部，招

① 2016 年 1 月至 2019 年 12 月，杜安群连任第三届、第四届共青团团委书记。

标管理办公室由挂靠在审计监察部（纪委）调整至挂靠在企管法规部。企管法规部与信息中心联合，成立企管法规与信息党支部。同月，大连西太决定：副总工程师郭旭东同时任企管法规部部长、企管法规与信息党支部书记；万小艺任企管法规部副部长、招标管理办公室主任。在册员工 4 人。党组织关系隶属大连西太党委，共有党员 1 人。

2019 年 9 月，大连西太党委决定：王晓宁任企管法规与信息党支部书记。

2019 年 12 月，大连西太决定，组织机构规格实行层级类别管理，企管法规部为二级正（正部级、正处级）。陈永军任企管法规部部长（二级正）；万小艺任企管法规部副部长兼招标管理办公室主任（二级副）。

2020 年 6 月，大连西太决定，对公司组织机构进行分级分类管理，企管法规部为二级二类组织机构。

截至 2020 年 12 月 31 日，企管法规部机构规格为二级二类。主要负责大连西太企业管理、法律事务、招投标管理、风险与合同管理、合规管理、内部控制和流程管理等工作；全面、准确地贯彻落实国家和上级部门有关政策、法律法规，制订相关专业管理制度。在册员工 5 人，其中领导 2 人：陈永军任部长、企管法规与信息党支部书记；万小艺任副部长兼招标管理办公室主任。党组织关系隶属大连西太党委，共有党员 2 人。

一、企管法规部领导名录（2019.1—2020.12）

部　　　　长　郭旭东（兼任，2019.1—10）[①]

陈永军（2019.12—2020.12）

副　部　长　万小艺（女，2019.1—2020.12）

招标管理办公室主任　万小艺（兼任，2019.1—2020.12）

二、企管法规与信息党支部领导名录（2019.1—2020.12）

书　　　　记　郭旭东（2019.1—9）

王晓宁（信息中心，2019.9—12）

陈永军（2019.12—2020.12）

① 2019 年 10 月，郭旭东退出领导岗位；2020 年 9 月，退休。2019 年 10 月至 12 月期间，企管法规部部长空缺。

第十二节　销售部（2016.1—3）

1999 年 5 月，大连西太成立国内销售部、国外销售部；2004 年 7 月，国内销售部、国外销售部、计划部合并，成立经营部；2013 年 10 月，大连西太成立销售部，机构规格正处级。

截至 2016 年 1 月 1 日，销售部机构规格为正处级。内设处室 3 个：国内销售处、国外销售处、市场价格处，主要负责大连西太产品销售、产品出口、销售价格管理和市场开发工作。在册员工 16 人，其中处级领导 2 人：王杰任部长、党支部书记；王军航任副部长。科级领导 3 人：杨坚任国内销售处主任；马兴义任国外销售处主任；陈波任市场价格处主任。党组织关系隶属大连西太党委，共有党员 11 人。

2016 年 3 月，大连西太决定，销售部更名为销售公司，为大连西太直属机构。

一、销售部（2016.1—3）

（一）销售部领导名录（2016.1—3）

部　　长　王　杰（2016.1—3）

副 部 长　王军航（2016.1—3）

（二）销售部党支部领导名录（2016.1—3）

书　　记　王　杰（2016.1—3）

二、内设机构

（一）国内销售处（2016.1—3）

主　　任　杨　坚（2016.1—3）

（二）国外销售处（2016.1—3）

主　　任　马兴义（2016.1—3）

（三）市场价格处（2016.1—3）

主　　任　陈　波（2016.1—3）

第十三节　供应部（2016.1—3）

1996年5月，大连西太成立物资供应部，机构规格正处级。2013年10月，物资供应部更名为供应部。

截至2016年1月1日，供应部机构规格为正处级。内设处室3个：计划处、采购处、仓储处，主要负责大连西太生产、经营和办公所需物资采购工作。在册员工36人，其中处级领导1人：刘明生任部长、党支部书记。科级领导3人：万小艺任计划处副主任；陈志明任采购处主任；谷玉文任仓储处主任。党组织关系隶属大连西太党委，共有党员7人。

2016年3月，大连西太决定，供应部更名为物供中心，为大连西太直属机构。

一、供应部（2016.1—3）

（一）供应部领导名录（2016.1—3）

部　　长　刘明生（2016.1—3）

（二）供应部党支部领导名录（2016.1—3）

书　　记　刘明生（2016.1—3）

二、内设机构

（一）计划处（2016.1—3）

主　　任　（空缺）

副 主 任　万小艺（女，主持工作，2016.1—3）

（二）采购处（2016.1—3）

主　　任　陈志明（2016.1—3）

（三）仓储处（2016.1—3）

主　　任　谷玉文（2016.1—3）

第十四节　工会办公室（2016.1—3）

2013 年 10 月，大连西太工会机构独立，人员挂靠在综合部（党委宣传部）。

2016 年 3 月，大连西太决定，工会的管理职能由综合办公室（党委办公室）企业文化处（党群工作处）承担。

副　主　任　田　冬（女，2016.1—3）

第三章　直属机构

2016年3月，为了提高市场竞争力，体现合资企业管理职能和特点，大连西太决定，销售部更名为销售公司，供应部更名为物供中心，化验监测部（环保监测中心站）更名为质检中心（环保监测中心站），销售公司、物供中心、质检中心（环保监测中心站）为大连西太直属机构，其中销售公司、物供中心机构规格正处级，质检中心（环保监测中心站）机构规格副处级。

2017年7月，大连西太决定，将消防队从质量安全环保部（安全监督站）中独立出来，为大连西太直属机构，机构规格副处级。

2018年7月，大连西太决定，各单位安全总监统一更名为HSE总监。

2018年9月，为进一步理顺招标工作流程，加强合规管理，提升管控质量，大连西太决定，成立招标中心，挂靠物供中心，负责招标过程的操作、协调。

2019年1月，大连西太决定，成立信息中心，为大连西太直属机构，机构规格为副处级，将综合办公室（党委办公室）信息处人员及管理职能整体划入信息中心。

2019年9月，大连西太决定，消防队更名为中国石油消防应急救援大连西太石化支队，内部组织机构简称为“消防支队”。

2019年12月，大连西太决定，组织机构规格不再按局级、部门级（处级）、处室级（科级）等进行管理，全面实行层级类别管理。公司层面作为集团公司下属企业为一级，管理部门、直属机构和运行单位（处级）为二级，各单位所辖专业及处室（科级）为三级，每个层级内划分正、副。信息中心、质检中心（环保监测中心站）、消防支队等3个直属机构的机构级别由二级副（副部级、副处级）调整至二级正（正部级、正处级）。撤销销售公司、物供中心等2个直属机构内设的处室，均按照专业进行管理。实施领导干部“去行政化”改革。不再按“局、处、科”行政级别管理，全面施行领导干部岗位分级分类管理。公司所属领导干部分二级和三级（中层和基层），分别划分为一类、二类、三类。

2020 年 6 月大连西太决定，对公司组织机构进行分级分类管理，销售公司、物供中心为二级二类组织机构，信息中心、质检中心（环保监测中心站）、消防支队为二级三类组织机构。

截至 2020 年 12 月 31 日，大连西太设直属机构 5 个：销售公司、物供中心、质检中心（环保监测中心站）、消防支队、信息中心。直属机构党支部 4 个。

第一节　销售公司（2016.3—2020.12）

1999 年 5 月，大连西太成立国内销售部、国外销售部；2004 年 7 月，国内销售部、国外销售部、计划部合并，成立经营部；2013 年 10 月，大连西太成立销售部，机构规格正处级。

2016 年 3 月，为适应国内外市场变化和客户需求，提高竞争力，体现合资企业管理职能和特点，大连西太决定，销售部更名为销售公司，机构规格为正处级，由大连西太机关部门改为大连西太直属机构。内设处室 3 个：国外销售处、国内销售处、市场价格处。主要负责大连西太产品销售、产品出口、销售价格管理和市场开发工作。大连西太决定：王杰任销售公司经理、党支部书记；王军航任销售公司副经理；马兴义任销售公司副经理兼国外销售处主任；杨坚任销售公司国内销售处主任；陈波任销售公司市场价格处主任；谷玉文任销售公司市场开发主任。在册员工 16 人。党组织关系隶属大连西太党委，共有党员 11 人。

2016 年 12 月，大连西太决定，销售公司市场价格处更名为销售公司市场处。王军航任销售公司经理，免去王杰的销售公司经理职务；戴学海任销售公司副经理；马兴义任销售公司副经理；郎岩松任销售公司国外销售处副主任（主持工作）；陈波任销售公司市场处主任。大连西太党委决定：王军航任销售公司党支部书记，免去王杰的销售公司党支部书记职务。

2019 年 12 月，大连西太决定，组织机构规格实行层级类别管理。销售公司为二级正（正部级、正处级）。撤销销售公司内设的处室，均按照专业进行管理。王军航任销售公司经理（二级正）；戴学海任销售公司副经理（二级副）；马兴义任销售公司副经理（二级副）；杨坚任销售公司主任主管/国内销售（三级正）；边振昱任销售公司主任主管/国外销售（三级副）。

2020 年 6 月，大连西太决定，对公司组织机构进行分级分类管理，销售公司为二级二类组织机构。

2020 年 10 月，大连西太决定：王军航任总经理助理兼销售公司经理（二级正）。

截至 2020 年 12 月 31 日，销售公司机构规格为二级二类。主要负责大连西太产品销售、产品出口、销售价格管理和市场开发工作，负责贯彻执行上级部门有关油品、化工产品销售工作的各项方针、政策、法令、规章制度、指示和决定，并制定专业管理制度。在册员工 17 人，其中二级正/副职领导 3 人：总经理助理王军航同时任经理、党支部书记；马兴义、戴学海任副经理。三级正/副职领导 2 人：杨坚任主任主管/国内销售；边振昱任主任主管/国外销售。党组织关系隶属大连西太党委，共有党员 10 人。

一、销售公司（2016.3—2020.12）

（一）销售公司领导名录（2016.3—2020.12）

经　　理　王　杰（2016.3—12）①

王军航（2016.12—2020.10；兼任，2020.10—12）

副 经 理　王军航（2016.3—12）

马兴义（2016.3—2020.12）

戴学海（2016.12—2020.12）

（二）销售公司党支部领导名录（2016.3—2020.12）

书　　记　王　杰（2016.3—12）

王军航（2016.12—2020.12）

二、内设机构

（一）国外销售处（2016.3—2019.12）

主　　任　马兴义（兼任，2016.3—12）②

---

① 2016 年 12 月，王杰退出领导岗位；2020 年 3 月，退休。

② 2016 年 12 月至 2019 年 12 月期间，销售公司国外销售处主任空缺。

副　主　任　郎岩松（主持工作，2016.12—2019.5）[①]

（二）国内销售处（2016.3—2019.12）

主　　　任　杨　坚（2016.3—2019.12）

（三）市场价格处—市场处（2016.3—2019.3）

主　　　任　陈　波（2016.3—2019.3）[②]

（四）市场开发主任

谷玉文（2016.3—12）

三、各专业主管名录（2019.12—2020.12）

（一）主任主管/国内销售　杨　坚（2019.12—2020.12）

（二）主任主管/国外销售　边振昱（三级副，2019.12—2020.12）

第二节　物供中心（2016.3—2020.12）

1996年5月，大连西太成立物资供应部，机构规格正处级。2013年10月，物资供应部更名为供应部。

2016年3月，为适应国内外市场变化和客户需求，提高竞争力，体现合资企业管理职能和特点，大连西太决定，供应部更名为物供中心，由大连西太机关部门改为大连西太直属机构，机构规格为正处级，下设处室3个：计划处、采购处、仓储处。主要负责大连西太生产、经营和办公所需物资采购工作。大连西太决定：刘明生任物供中心主任，党支部书记；单宝贵任物供中心副主任；万小艺任物供中心计划处主任；陈志明任物供中心采购处主任；顾迎新任物供中心仓储处主任。在册员工38人。党组织关系隶属大连西太党委，共有党员13人。

2016年12月，大连西太决定：单宝贵任物供中心主任（代理）；免去刘明生的物供中心主任职务，退出领导岗位。大连西太党委决定：单宝贵任物供中心党支部书记，免去刘明生的物供中心主任党支部书记职务。

---

① 2019年5月，郎岩松辞职。

② 2019年3月，陈波退出领导岗位。

2017 年 3 月，大连西太决定：单宝贵任物供中心主任。

2018 年 8 月，大连西太决定：郭建民任物供中心副主任兼计划处主任；免去万小艺的物供中心计划处主任职务，调审计监察部（纪委）工作。

2018 年 9 月，为进一步理顺招标工作流程，加强合规管理，提升管控质量，大连西太决定，成立招标中心，挂靠物供中心，负责招标过程的操作、协调。单宝贵兼任招标中心主任。

2019 年 12 月，大连西太决定，组织机构规格实行层级类别管理。物供中心为二级正（正部级、正处级）。撤销物供中心内设的处室，均按照专业进行管理。单宝贵任物供中心主任兼招标中心主任（二级正）；郭建民任物供中心副主任（二级副）；顾迎新任物供中心主任主管 / 仓储（三级正）；池淼任物供中心主任主管 / 计划（三级副）；于涛任物供中心主任主管 / 采购（三级副）。

2020 年 6 月，大连西太决定，对公司组织机构进行分级分类管理，物供中心为二级二类组织机构。

2020 年 10 月，大连西太决定：杨光明任物供中心副主任（二级副）；免去郭建民的物供中心副主任职务，退出领导岗位；韩逍雪任物供中心主任主管 / 仓储（三级副）；免去顾迎新的物供中心主任主管 / 仓储职务，退出领导岗位。

截至 2020 年 12 月 31 日，物供中心机构规格为二级二类。主要负责大连西太生产、经营和办公所需物资采购工作，严格依据国家和上级部门有关的政策、法律、法规，制定各种管理制度。在册员工 32 人，其中二级正 / 副职领导 3 人：单宝贵任主任党支部书记，兼任招标中心主任；杨光明任副主任。三级正 / 副职领导 3 人：韩逍雪任主任主管 / 仓储；池淼任主任主管 / 计划；于涛任主任主管 / 采购。党组织关系隶属大连西太党委，共有党员 13 人。

一、物供中心（2016.3—2020.12）

（一）物供中心领导名录（2016.3—2020.12）

主　　任　刘明生（2016.3—12）[①]

① 2016 年 12 月，刘明生退出领导岗位；2020 年 8 月，退休。

单宝贵（代理，副处级，2016.12—2017.3；2017.3—2020.12）

副　主　任　单宝贵（2016.3—12）

郭建民（2018.8—2020.10）[①]

杨光明（2020.10—12）

（二）物供中心党支部领导名录（2016.3—2020.12）

书　　　记　刘明生（2016.3—12）

单宝贵（2016.12—2020.12）

二、内设机构

（一）计划处（2016.3—2019.12）

主　　　任　万小艺（女，2016.3—2018.8）

郭建民（兼任，2018.8—2019.12）

（二）采购处（2016.3—2019.12）

主　　　任　陈志明（2016.3—2019.3）[②]

（三）仓储处（2016.3—2019.12）

主　　　任　顾迎新（2016.3—2019.12）

三、各专业主管名录（2019.12—2020.12）

（一）主任主管／仓储　顾迎新（2019.12—2020.10）[③]

韩逍雪（三级副，2020.10—12）

（二）主任主管／计划　池　淼（女，三级副，2019.12—2020.12）

（三）主任主管／采购　于　涛（三级副，2019.12—2020.12）

四、挂靠的招标中心（2018.9—2020.12）

主　　　任　单宝贵（兼任，2018.9—2020.12）

---

① 2020年10月，郭建民退出领导岗位。

② 2019年3月，陈志明退出领导岗位。2019年3月至12月期间，物供中心采购处主任空缺。

③ 2020年10月，顾迎新退出领导岗位。

第三节　质检中心（环保监测中心站）（2016.3—2020.12）

1994 年 9 月，大连西太建立中心化验室；1996 年 5 月，大连西太延续前期机构设置，生产运行单位设中心化验室；1996 年 8 月，大连西太撤销中心化验室，成立质量检查处，机构规格副处级；2000 年 10 月，质量检查处划归质量管理部；2013 年 10 月，大连西太成立化验监测部，将技术部质检中心（环保监测中心站）全部划入，机构规格为副处级。

2016 年 3 月，为适应国内外市场变化和客户需求，提高竞争力，体现合资企业管理职能和特点，大连西太决定，化验监测部（环保监测中心站）更名为质检中心（环保监测中心站），由大连西太生产运行单位改为大连西太直属机构，机构规格为副处级，内部不设处室，主要负责大连西太原料、半成品、产品质量分析（含在线分析）及环保监测工作。大连西太决定：贺兆伟任质检中心主任（代理）、党支部书记，免去单宝贵的质检中心主任、党支部书记职务，调物供中心工作；由世锋任质检中心（环保监测中心站）质量控制主任；张疆兵任质检中心（环保监测中心站）分析化验主任、环保监测中心站站长；曲寿波任质检中心（环保监测中心站）分析化验主任兼安全总监。在册员工 73 人。党组织关系隶属大连西太党委，共有党员 13 人。

2016 年 6 月，大连西太决定：贺兆伟任质检中心主任；免去由世锋的质量控制主任职务，调质量安全环保部工作。

2016 年 12 月，大连西太决定：张疆兵任质检中心质量控制主任；曲寿波任环保监测中心站站长、质检中心分析化验主任兼安全总监。

2017 年 9 月，大连西太决定：曲寿波任质检中心主任，免去贺兆伟的质检中心主任职务，调储运部工作；张疆兵任质检中心副主任、安全总监（处主任级）。大连西太党委决定：曲寿波任质检中心党支部书记，免去贺兆伟的质检中心党支部书记职务。

2018 年 7 月，大连西太决定，各单位安全总监统一更名为 HSE 总监。

2018 年 8 月，大连西太决定：张疆兵任质检中心质检主任（处主任级）；乔志浩任质检中心设备主任兼 HSE 总监（处副主任级），免去张疆兵的质检中心副主任、安全总监（处主任级）职务。

2019 年 12 月，大连西太决定，组织机构规格实行层级类别管理。质检中心的机构级别由二级副（副部级、副处级）调整至二级正（正部级、正处级）。曲寿波任质检中心主任兼环保监测中心站站长（二级副）；张疆兵任质检中心主任主管 / 质检（三级正）；乔志浩任质检中心主任主管 / 设备、HSE 总监（三级副）。

2020 年 6 月，大连西太决定，对公司组织机构进行分级分类管理，质检中心为二级三类组织机构。

2020 年 10 月，大连西太决定：乔志浩任质检中心主任主管 / 设备、HSE 总监（三级正）。

截至 2020 年 12 月 31 日，质检中心（环保监测中心站）机构规格为二级三类。主要负责大连西太原料、半成品、产品质量分析（含在线分析）及环保监测工作，贯彻执行与公司产品质量相关的各类标准。在册员工 63 人，其中二级正领导 1 人：曲寿波任主任、环保监测中心站站长、党支部书记。三级正领导 2 人：张疆兵任主任主管 / 质检，乔志浩任主任主管 / 设备、HSE 总监。党组织关系隶属大连西太党委，共有党员 10 人。

一、质检中心（2016.3—2020.12）

（一）质检中心领导名录（2016.3—2020.12）

主　　任　单宝贵（2016.3）[①]

贺兆伟（代理，正科级，2016.3—6；2016.6—2017.9）[②]

曲寿波（2017.9—2019.12；二级副，2019.12—2020.12）

副 主 任　张疆兵（正科级，2017.9—2018.8）

---

① 2016 年 3 月，单宝贵调任物供中心副主任。

② 2017 年 9 月，贺兆伟调任储运部主任、党支部书记。

质量控制主任　由世锋（2016.3—6）[①]

张疆兵（2016.12—2017.9）

分析化验主任　张疆兵（2016.3—12）

曲寿波（2016.3—2017.9）

质 检 主 任　张疆兵（2018.8—2019.12）

设 备 主 任　乔志浩（副科级，2018.8—2019.12）

安 全 总 监　曲寿波（兼任，2016.3—2017.9）

张疆兵（兼任，2017.9—2018.7）

H S E 总 监　张疆兵（2018.7—2018.8）

乔志浩（兼任，2018.8—2019.12）

（二）质检中心党支部领导名录（2016.3—2020.12）

书　　　记　单宝贵（2016.3）

贺兆伟（2016.3—2017.9）

曲寿波（2017.9—2020.12）

二、环保监测中心站（2016.3—2020.12）

站　　　长　张疆兵（2016.3—12）

曲寿波（2016.12—2020.12）

三、各专业主管名录（2019.12—2020.12）

（一）主任主管 / 质检　张疆兵（2019.12—2020.12）

（二）主任主管 / 设备、HSE 总监　乔志浩（三级副，2019.12—2020.10；2020.10—12）

第四节　消防队—消防支队（2017.7—2020.12）

1995 年 2 月，大连西太成立消防队；1996 年 5 月，大连西太延续前期机构设置，生产运行单位设消防队，机构规格副处级；1999 年 5 月，消防

① 2016年6月，由世锋调任质量安全环保部安全技术与质量处副主任（处主任级）。2016年6月至12月期间，质检中心（环保监测中心站）质量控制主任空缺。

队划归安全技术监察部。

2017 年 7 月，为理顺机构组织关系，大连西太研究决定，消防队从质量安全环保部（安全监督站）中分开独立，为大连西太直属机构，机构规格为副部级（副处级）。主要负责公司辖区内的火灾扑救、抢险救援、消防监督管理、人员救护等工作。王照力任消防队队长、党支部书记；王长发、郑学财任消防队副队长。在册员工 29 人。党组织关系隶属大连西太党委，共有党员 7 人。

2019 年 9 月，根据集团公司有关要求，为进一步强化消防安全和专职消防队伍建设，大连西太决定，消防队更名为中国石油消防应急救援大连西太石化支队，公司内部组织机构简称为“消防支队”。

2019 年 12 月，大连西太决定，组织机构规格实行层级类别管理。消防支队的机构级别由二级副（副部级、副处级）调整至二级正（正部级、正处级）。王照力任消防支队支队长（二级正）；王长发任消防支队副支队长、HSE 总监（三级正）；刘国利任消防支队副支队长（三级副）。

2020 年 6 月大连西太决定，对公司组织机构进行分级分类管理，消防支队为二级三类组织机构。

截至 2020 年 12 月 31 日，消防支队机构规格为二级三类。主要负责公司辖区内的火灾扑救、抢险救援、消防监督管理、重大作业现场消、气防监护、动火作业监督管理、人员救护等工作，负责贯彻落实国家和地方政府消防有关的法律法规、标准，执行行业、企业相关标准、规范；负责制定消防管理标准、规定及消防管理制度落实情况的监督检查。在册员工 17 人，其中领导 3 人：王照力任支队长、党支部书记，王长发任副支队长、HSE 总监，刘国利任副支队长。党组织关系隶属大连西太党委，共有党员 7 人。

一、消防队（2017.7—2019.9）

（一）消防队领导名录（2017.7—2019.12）

队　　长　王照力（2017.7—2019.12）

副 队 长　王长发（2017.7—2019.12）

　　　　　　郑学财（2017.7—2019.12）

（二）消防队党支部领导名录（2017.7—2019.12）

书　　　记　王照力（2017.7—2019.12）

二、消防支队（2019.9—2020.12）

（一）消防支队领导名录（2019.12—2020.12）

支　队　长　王照力（2019.12—2020.12）

副 支 队 长　王长发（2019.12—2020.12）

刘国利（三级副，2019.12—2020.12）

HSE 总监　王长发（兼任，2019.12—2020.12）

（二）消防支队党支部领导名录（2019.12—2020.12）

书　　　记　王照力（2019.12—2020.12）

第五节　信息中心（2019.1—2020.12）

2004 年 7 月，大连西太设信息技术处，隶属技术部；2013 年 10 月，信息技术处划归综合部（党委宣传部），更名为信息处。

2019 年 1 月，大连西太决定，成立信息中心，为大连西太直属机构，机构规格为副部级（副处级），将综合办公室（党委办公室）信息处人员及管理职能整体划入信息中心，主要负责大连西太办公计算机及网络信息化管理工作。大连西太党委决定：郭旭东任企管法规与信息党支部书记；王晓宁主持信息中心工作。在册员工 4 人。党组织关系隶属大连西太党委，共有党员 2 人。企管法规与信息党支部隶属大连西太党委。

2019 年 9 月，大连西太党委决定：王晓宁任企管法规与信息党支部书记，免去郭旭东的企管法规与信息党支部书记职务。

2019 年 12 月，大连西太决定，组织机构规格实行层级类别管理。信息中心的机构级别由二级副（副部级、副处级）调整至二级正（正部级、正处级）。王晓宁任信息中心主任（二级副）；杨清宇任信息中心主任主管 / 信息技术（三级副）。

2020 年 6 月大连西太决定，对公司组织机构进行分级分类管理，信息中心为二级三类组织机构。

截至 2020 年 12 月 31 日，信息中心机构规格为二级三类。主要负责公司计算机系统、网络系统、通信系统应用、信息化建设和管理等方面整体规划的编制、实施和协调等。在册员工 4 人，其中二级副领导 1 人：王晓宁任主任。三级副领导 1 人：杨清宇任主任主管 / 信息技术。党组织关系隶属大连西太党委，共有党员 2 人。

一、信息中心领导名录（2019.1—2020.12）

主　　任　王晓宁（二级副，2019.12—2020.12）①

信息处主任　王晓宁（主持工作，2019.1—12）

二、企管法规与信息党支部领导名录（2019.1—2020.12）

书　　记　郭旭东（企管法规部，2019.1—9）

王晓宁（正科级，2019.9—12）

陈永军（企管法规部，2019.12—2020.12）

三、各专业主管名录（2019.12—2020.12）

主任主管 / 信息技术　杨清宇（三级副，2019.12—2020.12）

① 2019 年 1 月至 12 月期间，信息中心主任空缺，王晓宁主持工作。

第四章　生产运行单位—运行单位

2016 年 1 月，大连西太设生产运行单位 7 个：运行一部、运行二部、运行三部、运行四部、储运部、动力部、化验监测部（环保监测中心站）。

2016 年 3 月，大连西太决定，成立运行五部，将运行一部的柴油加氢装置、汽油加氢装置和运行二部的气分装置、烷基化装置、MTBE 装置划入运行五部，促进生产装置运行进一步优化。化验监测部（环保监测中心站）更名为质检中心（环保监测中心站），调整为公司直属机构。生产运行单位更改为运行单位。

2017 年 9 月，为了理顺机构组织关系，强化专业管理，大连西太决定将储运部计量班操作人员和职能划归生产技术部计量处。

2018 年 7 月，大连西太决定，各单位安全总监统一更名为 HSE 总监。

2019 年 12 月，大连西太决定，组织机构规格不再按局级、部门级（处级）、处室级（科级）等进行管理，全面实行层级类别管理。公司层面作为集团公司下属企业为一级，管理部门、直属机构和运行单位（处级）为二级，各单位所辖原专业及处室（科级）为三级，每个层级内划分正、副。运行一部、运行二部、运行三部、运行四部、运行五部、储运部、动力部等 7 个运行单位的机构级别由二级副（副部级、副处级）调整至二级正（正部级、正处级）。实施领导干部"去行政化"改革，不再按"局、处、科"行政级别管理，全面施行领导干部岗位分级分类管理。公司所属领导干部分二级和三级（中层和基层），分别划分为一类、二类、三类。

2020 年 6 月大连西太决定，对公司组织机构进行分级分类管理，运行一部、运行二部、运行三部、运行四部、运行五部、储运部、动力部为二级三类组织机构。

截至 2020 年 12 月 31 日，大连西太设运行单位 7 个：运行一部、运行二部、运行三部、运行四部、运行五部、动力部、储运部。运行单位党支部 7 个。

第一节　运行一部（2016.1—2020.12）

2004年7月，大连西太成立生产一区；2013年10月，生产一区更名为运行一部，机构规格副处级。

截至2016年1月1日，运行一部机构规格为副处级，内设重油加氢、加氢裂化、柴油加氢、汽油加氢生产装置。在册员工94人，共有领导5人：丁哲帅任主任、党支部书记；曹永胜、王军任生产主任；张春来任设备主任；李春富任安全总监。党组织关系隶属大连西太党委，共有党员30人。

2016年3月，为适应公司发展需要，大连西太决定，将运行一部柴油加氢装置和汽油加氢装置划转运行五部。

2016年3月，大连西太决定：曹永胜任运行一部主任；免去丁哲帅的运行一部主任职务，调人事部（党委组织部）工作。大连西太党委决定：曹永胜任运行一部党支部书记，免去丁哲帅的运行一部党支部书记职务。

2016年12月，大连西太决定：潘志强任运行一部生产主任（处副主任级）；徐勇任运行一部设备主任（处副主任级）；王君任运行一部安全总监（处副主任级）。

2017年7月，大连西太决定：王军任运行一部主任；免去曹永胜的运行一部主任职务，调生产技术部工作；宋元栋任运行一部生产主任（处副主任级）。大连西太党委决定：王军任运行一部党支部书记，免去曹永胜的运行一部党支部书记职务。

2017年9月，大连西太决定：张春来任运行一部副主任（处主任级）；马昌岳任运行一部设备主任（处副主任级）。

2018年7月，大连西太决定，各单位安全总监统一更名为HSE总监。

2018年8月，大连西太决定：张春来任运行一部副主任（副部长级），杨爱明任运行一部生产主任（处副主任级）。大连西太党委决定：张春来任运行一部党支部书记，免去王军的党支部书记职务。

2019年12月，大连西太决定，组织机构规格实行层级类别管理。运行一部的机构级别由二级副（副部级、副处级）调整至二级正（正部级、正处级）。王军任运行一部主任、副书记（二级副）；张春来任运行一部党支部书记、副主任（二级副）；潘志强任运行一部生产主任（三级正）；王江宾任运行一部设备主任（三级正）；王君任运行一部 HSE 总监（三级正）；马昌岳任运行一部设备主任（三级正）；杨爱明任运行一部生产主任（三级副）；免去徐勇的运行一部设备主任职务，调运行二部工作。

2020 年 6 月，大连西太决定，对公司组织机构进行分级分类管理，运行一部为二级三类组织机构。

截至 2020 年 12 月 31 日，运行一部机构规格为二级三类，主要负责重油加氢、加氢裂化装置安全、稳定、高效生产。在册员工 85 人，其中领导人数 7 人：王军任主任、党支部副书记；张春来任党支部书记、副主任；潘志强、杨爱明任生产主任；马昌岳、王江宾任设备主任；王君任 HSE 总监。党组织关系隶属大连西太党委，共有党员 28 人。

一、运行一部领导名录（2016.1—2020.12）

主　　任　丁哲帅（2016.1—3）[①]
曹永胜（2016.3—2017.7）[②]
王　军（2017.7—2019.12；二级副，2019.12—2020.12）

副 主 任　张春来（2017.9—2018.8；副处级，2018.8—2019.12；2019.12—2020.12）

生产主任　曹永胜（2016.1—3）
王　军（2016.1—2017.7）
潘志强（副科级，2016.12—2019.12；2019.12—2020.12）
宋元栋（副科级，2017.7—2018.6）[③]
杨爱明（副科级，2018.8—2019.12；三级副，2019.12—2020.12）[④]

① 2016 年 3 月，丁哲帅调任人事部（党委组织部）副部长。
② 2017 年 7 月，曹永胜调任生产技术部副部长。
③ 2018 年 6 月，宋元栋辞职。
④ 2018 年 12 月，杨爱明被开除党籍；2023 年 6 月，撤销行政职务。

设 备 主 任　张春来（2016.1—2017.9）
徐　勇（副科级，2016.12—2019.12）[①]
马昌岳（副科级，2017.9—2019.12；2019.12—2020.12）
王江宾（2019.12—2020.12）
安 全 总 监　李春富（副科级，2016.1—12）
王　君（副科级，2016.12—2018.7）
HSE 总监　王　君（副科级，2018.7—2019.12；2019.12—2020.12）

二、运行一部党支部领导名录（2016.1—2020.12）

书　　记　丁哲帅（2016.1—3）
曹永胜（2016.3—2017.7）
王　军（2017.7—2018.8）
张春来（2018.8—2020.12）
副 书 记　王　军（2019.12—2020.12）

第二节　运行二部（2016.1—2020.12）

2004 年 7 月，大连西太成立生产二区；2013 年 10 月，生产二区更名为运行二部，机构规格为副处级。

截至 2016 年 1 月 1 日，运行二部机构规格为副处级，内设常减压装置、催化裂化装置、气体加工联合装置（气分装置、烷基化装置和 MTBE 装置）。在册员工 111 人，共有领导 5 人：霍宗双任主任、党支部书记；郭丹、李庆宇任生产主任；高明超任设备主任；付玉财任安全总监。党组织关系隶属大连西太党委，共有党员 43 人。

2016 年 3 月，为适应公司发展需要，大连西太决定，将运行二部气分装置、烷基化装置和 MTBE 装置划入运行五部。

① 2019 年 12 月，徐勇调任运行二部设备主任。

2016年3月，大连西太决定：齐恒山任运行二部生产主任（处副主任级）；免去李庆宇的运行二部生产主任职务，调运行五部工作。

2016年12月，大连西太决定：王江宾任运行二部设备主任（处副主任级）；宋德志任运行二部设备主任（处副主任级）；免去高明超的运行二部设备主任职务，调设备部工作。

2017年9月，大连西太决定：付玉财任运行二部副主任（处主任级）；张啸任运行二部安全总监（处副主任级）。

2018年7月，大连西太决定，各单位安全总监统一更名为HSE总监。

2018年8月，大连西太决定：付玉财任运行二部副主任（副部长级）；齐恒山任运行二部生产主任；张啸任运行二部生产主任（处副主任级），免去郭丹的运行二部生产主任职务，调运行四部工作；付玉财兼任运行二部HSE总监。大连西太党委决定：付玉财任运行二部党支部书记，免去霍宗双的党支部书记职务。

2019年12月，大连西太决定，组织机构规格实行层级类别管理。运行二部的机构级别由二级副（副部级、副处级）调整至二级正（正部级、正处级）。霍宗双任运行二部主任兼副书记（二级正）；付玉财任运行二部党支部书记兼副主任（二级副）；齐恒山任运行二部生产主任（三级正）；徐勇任运行二部设备主任（三级正），免去王江宾的运行二部设备主任职务，调运行一部工作；宋德志任运行二部设备主任（三级正）；张啸任运行二部生产主任（三级正）；樊继磊任运行二部HSE总监（三级副），免去付玉财的运行二部HSE总监职务。

2020年6月，大连西太决定，对公司组织机构进行分级分类管理，运行二部为二级三类组织机构。

2020年10月，大连西太决定：齐恒山任运行二部主任（三级正），免去霍宗双的运行二部主任职务，调生产技术部工作；樊继磊任运行二部生产主任（三级副）；王子健任运行二部HSE总监（三级副）。大连西太党委决定：齐恒山任运行二部党支部副书记，免去霍宗双的运行二部党支部副书记职务。

截至2020年12月31日，运行二部机构规格为二级三类，主要负责常减压装置、催化裂化装置安全、稳定、高效生产。在册员工96人，共有领导7人：齐恒山任主任、党支部副书记；付玉财任党支部书记、副主任；

张啸、樊继磊任生产主任；宋德志、徐勇任设备主任；王子健任 HSE 总监。党组织关系隶属大连西太党委，共有党员 34 人。

一、运行二部领导名录（2016.1—2020.12）

主　　任　霍宗双（2016.1—2020.10）[①]
　　　　　　齐恒山（三级正，2020.10—12）
副 主 任　付玉财（2017.9—2018.8；副处级，2018.8—2019.12；2019.12—2020.12）
生产主任　郭　丹（2016.1—2018.8）[②]
　　　　　　李庆宇（2016.1—3）[③]
　　　　　　齐恒山（副科级，2016.3—2018.8；2018.8—2020.10）
　　　　　　张　啸（副科级，2018.8—2019.12；2019.12—2020.12）
　　　　　　樊继磊（三级副，2020.10—12）
设备主任　高明超（2016.1—12）[④]
　　　　　　王江宾（副科级，2016.12—2019.12）
　　　　　　宋德志（副科级，2016.12—2019.12；2019.12—2020.12）
　　　　　　徐　勇（2019.12—2020.12）
安全总监　付玉财（2016.1—2017.9）
　　　　　　张　啸（副科级，2017.9—2018.7）
HSE 总监　张　啸（副科级，2018.7—8）
　　　　　　付玉财（兼任，2018.8—2019.12）
　　　　　　樊继磊（三级副，2019.12—2020.10）
　　　　　　王子健（三级副，2020.10—12）

二、运行二部党支部领导名录（2016.1—2020.12）

书　　记　霍宗双（2016.1—2018.8）

---

① 2020 年 10 月，霍宗双任生产技术部资深技术专家。
② 2018 年 8 月，郭丹调任运行四部副主任、党支部书记。
③ 2016 年 3 月，李庆宇调任运行五部生产主任、党支部书记、安全总监。
④ 2016 年 12 月，高明超调任设备部设备处主任。

付玉财（2018.8—2020.12）

副　书　记　霍宗双（2019.12—2020.10）

齐恒山（2020.10—12）

第三节　运行三部（2016.1—2020.12）

2004年7月，大连西太成立生产三区；2013年10月，生产三区更名为运行三部，机构规格为副处级。

截至2016年1月1日，运行三部机构规格为副处级，内设聚丙烯装置和硫磺回收装置。在册员工78人，共有领导4人：戴学海任主任、党支部书记；闫庆东任生产主任；李朋宇任设备主任；高晓峰任安全总监。党组织关系隶属大连西太党委，共有党员24人。

2016年3月，大连西太决定：衣凤城任运行三部安全总监；免去高晓峰的运行三部安全总监职务，调审计监察部（纪委）工作。

2016年12月，大连西太决定：闫庆东任运行三部主任；免去戴学海的运行三部主任职务，调销售公司工作；衣凤城任运行三部生产主任（处副主任级）；李寅鹏任运行三部安全总监（处副主任级）。大连西太党委决定：闫庆东任运行三部党支部书记，免去戴学海的运行三部党支部书记职务。

2017年11月，大连西太决定：柳广厦任运行三部主任，免去闫庆东的运行三部主任职务。

2017年12月，大连西太党委决定：柳广厦任运行三部党支部书记，免去闫庆东的运行三部党支部书记职务。

2018年5月，大连西太决定：李寅鹏任运行三部生产主任（处副主任级）；张杰任运行三部设备主任（处副主任级）；衣凤城任运行三部安全总监（处副主任级）。

2018年7月，大连西太决定，各单位安全总监统一更名为HSE总监。

2018年8月，大连西太决定：李胜步任运行三部副主任（副部长级），衣凤城任运行三部HSE总监。大连西太党委决定：李胜步任运行三部党支部书记，免去柳广厦的运行三部党支部书记职务。

2019 年 12 月，大连西太决定，组织机构规格实行层级类别管理。运行三部的机构级别由二级副（副部级、副处级）调整至二级正（正部级、正处级）。柳广厦任运行三部主任兼副书记（二级正）；李胜步任运行三部党支部书记兼副主任（二级副）；衣凤城任运行三部 HSE 总监（三级正）；李寅鹏任运行三部生产主任（三级正）；张杰任运行三部设备主任（三级正）。

2020 年 6 月，大连西太决定，对公司组织机构进行分级分类管理，运行三部为二级三类组织机构。

截至 2020 年 12 月 31 日，运行三部机构规格为二级三类，主要负责聚丙烯装置、硫磺回收装置安全、稳定、高效生产。在册员工 89 人，共有领导 5 人：柳广厦任主任、副书记；李胜步任党支部书记、副主任；李寅鹏任生产主任；张杰任设备主任；衣凤城任 HSE 总监。党组织关系隶属大连西太党委，共有党员 29 人。

一、运行三部领导名录（2016.1—2020.12）

主　　任　戴学海（2016.1—12）[①]
闫庆东（2016.12—2017.11）
柳广厦（2017.11—2020.12）

副 主 任　李胜步（2018.8—2020.12）

生产主任　闫庆东（2016.1—12）
衣凤城（副科级，2016.12—2018.5）
李寅鹏（副科级，2018.5—2019.12；2019.12—2020.12）

设备主任　李朋宇（2016.1—2018.5）[②]
张　杰（副科级，2018.5—2019.12；2019.12—2020.12）

安全总监　高晓峰（2016.1—3）[③]
衣凤城（副科级，2016.3—12；副科级，2018.5—7）
李寅鹏（副科级，2016.12—2018.5）

---

① 2016 年 12 月，戴学海调任销售公司副经理。
② 2018 年 5 月，李朋宇被开除党籍、撤销行政职务。
③ 2016 年 3 月，高晓峰调任审计监察部（纪委）纪检监察处副主任。

HSE 总监　衣凤城（副科级，2018.7—8；2018.8—2020.12）

二、运行三部党支部领导名录（2016.1—2020.12）

书　　记　戴学海（2016.1—12）
闫庆东（2016.12—2017.12）[①]
柳广厦（2017.12—2018.8）
李胜步（2018.8—2020.12）

副 书 记　柳广厦（2019.12—2020.12）

第四节　运行四部（2016.1—2020.12）

2013 年 10 月，大连西太成立运行四部，机构规格为副处级。

2016 年 1 月，运行四部机构规格为副处级，内设重整装置、两套制氢装置、煤柴油加氢装置及蜡油加氢装置。在册员工 90 人，共有领导 4 人：柳广厦任主任、党支部书记；骆立栋任生产主任；季福立任设备主任；周峰任安全总监。党组织关系隶属大连西太党委，共有党员 24 人。

2016 年 3 月，大连西太决定：杨兴任运行四部生产主任（处副主任级）；免去骆立栋的运行四部生产主任职务，调运行五部工作。

2016 年 12 月，大连西太决定：张杰任运行四部设备主任（处副主任级）；免去季福立的运行四部设备主任职务，调设备部工作。

2017 年 11 月，大连西太决定：运行四部由生产主任杨兴主持工作；免去柳广厦的运行四部主任职务，调运行三部工作。

2017 年 12 月，大连西太党委决定：杨兴任运行四部党支部书记，免去柳广厦的运行四部党支部书记职务。

2018 年 5 月，大连西太决定：杨兴任运行四部主任（处主任级）；段佳辉任运行四部生产主任（处副主任级）；方小刚任运行四部设备主任（处副主任级）；孙昊任运行四部设备主任（处副主任级）；免去张杰的运行四部设备主任职务，调运行三部工作。

① 2017 年 12 月，闫庆东调生产技术部。

2018 年 7 月，大连西太决定，各单位安全总监统一更名为 HSE 总监。

2018 年 8 月，大连西太决定：郭丹任运行四部副主任（副部长级）。大连西太党委决定：郭丹任运行四部党支部书记，免去杨兴的党支部书记职务。

2019 年 12 月，大连西太决定，组织机构规格实行层级类别管理。运行四部的机构级别由二级副（副部级、副处级）调整至二级正（正部级、正处级）。杨兴任运行四部主任兼副书记（三级正）；郭丹任运行四部党支部书记兼副主任（二级副）；周峰任运行四部 HSE 总监（三级正）；段佳辉任运行四部生产主任（三级副）；方小刚任运行四部设备主任（三级副）；孙昊任运行四部设备主任（三级副）。

2020 年 6 月，大连西太决定，对公司组织机构进行分级分类管理，运行四部为二级三类组织机构。

2020 年 10 月，大连西太决定：段佳辉任运行四部生产主任（三级正）；方小刚任运行四部设备主任（三级正）；孙昊任运行四部设备主任（三级正）。

截至 2020 年 12 月 31 日，运行四部机构规格为二级三类，主要负责重整、两套制氢、煤柴油加氢、蜡油加氢装置安全、稳定、高效生产。在册员工 88 人，共有领导 6 人：杨兴任主任、党支部副书记；郭丹任党支部书记、副主任；段佳辉任生产主任；方小刚、孙昊任设备主任；周峰任 HSE 总监。党组织关系隶属大连西太党委，共有党员 27 人。

一、运行四部领导名录（2016.1—2020.12）

主　　任　柳广厦（2016.1—2017.11）[①]

杨　兴（正科级，2018.5—2019.12；三级正，2019.12—2020.12）

副 主 任　郭　丹（2018.8—2020.12）

生产主任　骆立栋（2016.1—3）[②]

① 2017 年 11 月，柳广厦调任运行三部主任。2017 年 11 月至 2018 年 5 月期间，运行四部主任空缺，杨兴主持工作。

② 2016 年 3 月，骆立栋调任运行五部主任（代理）。

杨　兴（副科级，2016.3—2017.11；主持工作，2017.11—2018.5）
段佳辉（副科级，2018.5—2020.10；2020.10—12）

设备主任　季福立（2016.1—12）[①]
张　杰（副科级，2016.12—2018.5）[②]
方小刚（副科级，2018.5—2020.10；2020.10—12）
孙　昊（副科级，2018.5—2020.10；2020.10—12）

安全总监　周　峰（2016.1—2018.7）

HSE 总监　周　峰（2018.7—2020.12）

二、运行四部党支部领导名录（2016.1—2020.12）

书　　记　柳广厦（2016.1—2017.12）
杨　兴（2017.12—2018.8）
郭　丹（2018.8—2020.12）

副书记　杨　兴（2019.12—2020.12）

第五节　运行五部（2016.3—2020.12）

2016 年 3 月，为适应公司发展需要，进一步优化生产装置运行，大连西太决定，成立运行五部，机构规格为副处级，将运行一部的柴油加氢装置、汽油加氢装置和运行二部的气分装置、烷基化装置、MTBE 装置划入其中。骆立栋任运行五部主任（代理）；李庆宇任运行五部生产主任、安全总监、党支部书记；初尔军任运行五部设备主任；鞠延波任运行五部生产主任（处副主任级）。

2016 年 6 月，大连西太决定：骆立栋任运行五部主任。

2017 年 7 月，大连西太决定：初尔军任运行五部安全总监，免去李庆宇的运行五部安全总监职务；郑楠任运行五部设备主任（处副主任级）。

---

① 2016 年 12 月，季福立调任设备部设备处副主任（处主任级）。

② 2018 年 5 月，张杰调任运行三部设备主任（处副主任级）。

2018 年 7 月，大连西太决定，各单位安全总监统一更名为 HSE 总监。

2018 年 8 月，大连西太决定：李庆宇任运行五部副主任（副部长级），免去李庆宇的生产主任职务；鞠延波任运行五部生产主任。

2019 年 12 月，大连西太决定，组织机构规格实行层级类别管理。运行五部的机构级别由二级副（副部级、副处级）调整至二级正（正部级、正处级）。骆立栋任运行五部主任（二级副）；李庆宇任运行五部党支部书记、副主任（二级副）；初尔军任运行五部 HSE 总监（三级正）；鞠延波任运行五部生产主任（三级正）；郑楠任运行五部设备主任（三级正）；李新任运行五部设备主任（三级副）。

2020 年 6 月，大连西太决定，对公司组织机构进行分级分类管理，运行五部为二级三类组织机构。

截至 2020 年 12 月 31 日，运行五部机构规格为二级三类，主要负责柴油加氢装置、汽油加氢装置、气分装置、烷基化装置、MTBE 装置安全、稳定、高效生产。在册员工 81 人，共有领导 6 人：骆立栋任主任；李庆宇任党支部书记、副主任；鞠延波任生产主任；郑楠、李新任设备主任；初尔军任 HSE 总监。党组织关系隶属大连西太党委，共有党员 29 人。

一、运行五部领导名录（2016.3—2020.12）

主　　任　骆立栋（代理，2016.3—6；2016.6—2019.12；
　　　　二级副，2019.12—2020.12）

副 主 任　李庆宇（副处级，2018.8—2019.12；2019.12—2020.12）

生产主任　李庆宇（2016.3—2018.8）
　　　　鞠延波（副科级，2016.3—2018.8；2018.8—2020.12）

设备主任　初尔军（2016.3—2017.7）
　　　　郑　楠（副科级，2017.7—2019.12；2019.12—2020.12）
　　　　李　新（三级副，2019.12—2020.12）

安全总监　李庆宇（兼任，2016.3—2017.7）
　　　　初尔军（2017.7—2018.7）

HSE 总监　初尔军（2018.7—2020.12）

二、运行五部党支部领导名录（2016.3—2020.12）

书　　记　李庆宇（2016.3—2020.12）

副 书 记　（空缺）

第六节　储运部（2016.1—2020.12）

1994 年 9 月，大连西太建立储运场；1996 年 5 月，大连西太延续前期机构设置，生产运行单位设储运场，机构规格副处级；1997 年 9 月，储运场撤销，成立储运一场和储运二场；2003 年 6 月，储运一场、储运二场合并，成立储运场；2013 年 10 月，储运场更名为储运部，机构规格为副处级。

截至 2016 年 1 月 1 日，储运部机构规格为副处级，主要负责大连西太原料、半成品、成品的储运作业。在册员工 118 人，共有领导 4 人：陈永军任主任、党支部书记；吕志西任生产主任；赵金刚任设备主任；韩殿启任安全总监。党组织关系隶属大连西太党委，共有党员 29 人。

2016 年 12 月，大连西太决定：吕志西任储运部主任记；免去陈永军的储运部主任职务，调生产技术部工作；解书海任储运部生产主任（处副主任级）。大连西太党委决定：吕志西任储运部党支部书记，免去陈永军的储运部党支部书记职务。

2017 年 7 月，大连西太决定：高严任储运部生产主任（处副主任级）。

2017 年 9 月，为了理顺机构组织关系，强化专业管理，大连西太决定，将储运部计量班操作人员和职能划归生产技术部计量处。贺兆伟任储运部主任、党支部书记；吕志西任储运部副主任（处主任级）。

2018 年 7 月，大连西太决定，各单位安全总监统一更名为 HSE 总监。

2018 年 8 月，大连西太决定：张敏任储运部副主任（副部长级）。大连西太党委决定：张敏任储运部党支部书记，免去贺兆伟的储运部党支部书记职务。

2019 年 12 月，大连西太决定，组织机构规格实行层级类别管理。储运部的机构级别由二级副（副部级、副处级）调整至二级正（正部级、正处级）。张敏任储运部主任、副书记（二级副），免去贺兆伟的储运部主任职务，调生产技术部工作；杜安群任储运部党支部书记、副主任（二级副）；吕志西任储运部副主任（三级正）；赵金刚任储运部设备主任（三级正）；高严任储运部生产主任（三级正）；周华任储运部设备主任（三级副）；杨峰任储运部 HSE 总监（三级副）。

2020 年 6 月，大连西太决定，对公司组织机构进行分级分类管理，储运部为二级三类组织机构。

截至 2020 年 12 月 31 日，储运部机构规格为二级三类。主要负责大连西太原料、半成品、成品的储运作业，其中包括各装置中间原料及半成品的收付、成品调和；燃料气及火炬系统、低压瓦斯回收系统；化学药剂的进、出厂；负责原油的储接收、储存和调和、付常减压；负责燃料油、沥青、丙烷、液化气等装车、装船。在册员工 125 人，共有领导 7 人：张敏任主任、副书记；杜安群任党支部书记、副主任；吕志西任副主任；高严任生产主任；赵金刚、周华任设备主任；杨峰任 HSE 总监。党组织关系隶属大连西太党委，共有党员 36 人。

一、储运部领导名录（2016.1—2020.12）

主　　任　陈永军（2016.1—12）[①]
　　　　　吕志西（2016.12—2017.9）
　　　　　贺兆伟（2017.9—2019.12）[②]
　　　　　张　敏（二级副，2019.12—2020.12）

副 主 任　吕志西（2017.9—2019.12；三级正，2019.12—2020.12）
　　　　　张　敏（2018.8—2019.12）
　　　　　杜安群（2019.12—2020.12）

生产主任　吕志西（2016.1—12）
　　　　　解书海（副科级，2016.12—2017.9）
　　　　　高　严（副科级，2017.7—2019.12；2019.12—2020.12）

① 2016 年 12 月，陈永军调任生产技术部副部长（部长级）。

② 2019 年 12 月，贺兆伟调任生产技术部党支部书记、副部长。

设备主任　赵金刚（2016.1—2020.12）

周　华（三级副，2019.12—2020.12）

安全总监　韩殿启（2016.1—2018.7）

HSE 总监　韩殿启（2018.7—11）①

杨　峰（三级副，2019.12—2020.12）

二、储运部党支部领导名录（2016.1—2020.12）

书　　记　陈永军（2016.1—12）

吕志西（2016.12—2017.9）

贺兆伟（2017.9—2018.8）

张　敏（2018.8—2019.12）

杜安群（二级副，2019.12—2020.12）

副书记　张　敏（2019.12—2020.12）

第七节　动力部（2016.1—2020.12）

1994 年 9 月，大连西太建立热电场；1996 年 5 月，大连西太延续前期机构设置，生产运行单位设热电场，机构规格副处级；2003 年 6 月，热电场和水场空分联合装置合并，成立动力场；2013 年 10 月，动力场更名为动力部，机构规格为副处级。

截至 2016 年 1 月 1 日，动力部机构规格为副处级，主要负责大连西太各装置的水、电、汽、氮、风的生产与供应、转输。在册员工 109 人，共有领导 5 人：王照力任主任、党支部书记；王云海任生产主任；吕希铭任设备主任；王煜任电气主任；朱力辉任安全总监。党组织关系隶属大连西太党委，共有党员 34 人。

2016 年 3 月，大连西太决定：王云海任动力部主任；免去王照力的动力部主任职务，调质量安全环保部工作；张永魁任动力部生产主任。大连西太党委决定：王云海任动力部党支部书记，免去王照力的动力部党支部书记职务。

---

① 2018 年 11 月，韩殿启退出领导岗位。2018 年 11 月至 2019 年 12 月期间，储运部 HSE 总监空缺。

2016 年 12 月，大连西太决定：张永魁任动力部设备主任；王彬任动力部生产主任（处副主任级）。

2018 年 7 月，大连西太决定，各单位安全总监统一更名为 HSE 总监。

2018 年 8 月，大连西太决定：张锋镝任动力部兼副主任（处主任级），王彬任动力部 HSE 总监（处副主任级），免去朱力辉的动力部 HSE 总监职务，调设备部工作。大连西太党委决定：张锋镝任动力部党支部书记，免去王云海的党支部书记职务。

2019 年 12 月，大连西太决定，组织机构规格实行层级类别管理。动力部的机构级别由二级副（副部级、副处级）调整至二级正（正部级、正处级）。王云海任动力部主任兼副书记（二级副）；张锋镝任动力部党支部书记、副主任（三级正）；王煜任动力部电气主任（三级正，正科）；张永魁任动力部生产主任（三级正）；王彬任动力部 HSE 总监（三级正）；石超任动力部设备主任（三级副）。

2020 年 6 月，大连西太决定，对公司组织机构进行分级分类管理，动力部为二级三类组织机构。

2020 年 10 月，大连西太决定：石明曦任动力部生产主任（三级副）；免去张永魁的动力部生产主任职务，调生产技术部工作。

截至 2020 年 12 月 31 日，动力部机构规格为二级三类，主要负责大连西太各装置的水、电、汽、氮、风的生产与供应、传输，保证各装置需求。在册员工 109 人，共有领导人数 6 人：王云海任主任、副书记；张锋镝任党支部书记、副主任；石明曦任生产主任；石超任设备主任；王煜任电气主任；王彬任 HSE 总监。党组织关系隶属大连西太党委，共有党员 37 人。

一、动力部领导名录（2016.1—2020.12）

主　　任　王照力（2016.1—3）

王云海（2016.3—2019.12；二级副，2019.12—2020.12）

副 主 任　张锋镝（2018.8—2019.12；三级正，2019.12—2020.12）

生产主任　王云海（2016.1—3）

张永魁（2016.3—12；2019.12—2020.10）

王　彬（副科级，2016.12—2018.8）[①]
石明曦（三级副，2020.10—12）

设备主任 吕希铭（2016.1—12）[②]
张永魁（2016.12—2019.12）
石　超（三级副，2019.12—2020.12）

电气主任 王　煜（2016.1—2020.12）

安全总监 朱力辉（2016.1—2018.7）

HSE 总监 朱力辉（2018.7—8）
王　彬（副科级，2018.8—2019.12；2019.12—2020.12）

二、动力部党支部领导名录（2016.1—2020.12）

书　　记 王照力（2016.1—3）
王云海（2016.3—2018.8）
张锋镝（2018.8—2019.12；三级正，2019.12—2020.12）

副 书 记 王云海（2019.12—2020.12）

第八节　化验监测部（环保监测中心站）（2016.1—3）

1994 年 9 月，大连西太建立中心化验室；1996 年 5 月，大连西太延续前期机构设置，生产运行单位设中心化验室；1996 年 8 月，大连西太撤销中心化验室，成立质量检查处，行政级别为副处级；2000 年 10 月，质量检查处划归质量管理部；2013 年 10 月，大连西太成立化验监测部，将技术部质检中心（环保监测中心站）全部划入，机构规格为副处级。

截至 2016 年 1 月 1 日，化验监测部（环保监测中心站）机构规格为副

① 2018 年 8 月至 2019 年 12 月期间，动力部生产主任空缺。
② 2016 年 12 月，吕希铭退出领导岗位。

处级，主要负责公司所属原料、半成品、产品质量分析（含在线分析）及环保监测工作。在册员工 29 人，共有领导 4 人：单宝贵任主任、党支部书记；由世锋任在线监测主任；张疆兵任分析化验主任兼环保监测中心站站长；曲寿波任分析化验主任兼安全总监。党组织关系隶属大连西太党委，共有党员 13 人。

2016 年 3 月，大连西太决定，化验监测部（环保监测中心站）更名为质检中心（环保监测中心站），为大连西太直属机构，机构规格为副处级。

一、化验监测部（2016.1—3）

（一）化验监测部领导名录（2016.1—3）

主　　　任　单宝贵（2016.1—3）
在线监测主任　由世锋（2016.1—3）
分析化验主任　张疆兵（2016.1—3）
　　　　　　　曲寿波（2016.1—3）
安 全 总 监　曲寿波（兼任，2016.1—3）

（二）化验监测部党支部领导名录（2016.1—3）

书　　　记　单宝贵（2016.1—3）

二、环保监测中心站（2016.1—3）

站　　　长　张疆兵（2016.1—3）

第五章　附　　录

第一节　组织机构名录及沿革图

一、2016 年 1 月组织机构名录

序号	部门	序号	部门
（一）机关部门（11 个）			
1	综合部（党委宣传部）	7	设备部
2	人事部（党委组织部）	8	质量安全环保部（安全监督站）
3	审计监察部（纪委）	9	发展部
4	财务部	10	销售部
5	计划部	11	供应部
6	生产技术部		
（二）生产运行单位（7 个）			
1	运行一部	5	储运部
2	运行二部	6	动力部
3	运行三部	7	化验监测部（环保监测中心站）
4	运行四部		

二、2016 年 1 月至 2020 年 12 月组织机构沿革图

图例说明

1. 本图主要按编年记事的方式简要绘制组织机构的沿革变化，主要包括机构的成立、更名、合并、拆分、撤销、划转等事项。

2. 本图中机构沿革变化以“机构名称”中首字对应年份为时间节点。机构名称在一年中发生多次变更的，只显示最终名称。

3. 机构的延续用“⟶”符号表示；撤销用“||”符号表示。

4. 一个机构挂多个牌子用“（　）”符号表示。

5. 具体图例符号使用详见每页机构沿革图下的“图例说明”。

2016年1月至2020年12月组织机构沿革图（一）

2016 → 2017 → 2018 → 2019 → 2020（年度）

1.公司机关部门—管理部门

综合部（党委宣传部）→ 综合办公室（党委宣传部）→ 综合办公室（党委办公室）→ 综合办公室（党办、董办、总办）→ 综合办公室（党办、董办、总办）

人事部（党委组织部）→ 人事部（党委组织部）

审计监察部（纪委）→ 审计监察部（纪委、监事会办公室）→ 纪委办公室（审计部、监事会办公室）

财务部 → 财务部

计划部 → 计划部

生产技术部 → 生产技术部

设备部 → 设备部

质量安全环保部（安全监督站）→ 质量安全环保部（安全监督站）

发展部 →||

销售部 →||

供应部 →||

企业文化部（党委宣传部）→ 企业文化部（党委宣传部、工会）→ 企业文化部（党委宣传部、工会）

企管法规部 → 企管法规部

图例说明　→：延续　||：撤销　（ ）：一个机构两块牌子

2016年1月至2020年12月组织机构沿革图（二）

2016 ——→ 2017 ——→ 2018 ——→ 2019 ——→ 2020（年度）

2.直属机构

销售公司 ——→ 销售公司

物供中心 ——→ 物供中心

质检中心（环保监测中心站） ——→ 质检中心（环保监测中心站）

消防队 ——→ 消防支队 ——→ 消防支队

信息中心 ——→ 信息中心

3.生产运行单位—运行单位

运行一部 ——→ 运行一部

运行二部 ——→ 运行二部

运行三部 ——→ 运行三部

运行四部 ——→ 运行四部

运行五部 ——→ 运行五部

储运部 ——→ 储运部

动力部 ——→ 动力部

化验监测站（环保监测中心站）——→||

图例说明　——→：延续　||：撤销　（ ）：一个机构两块牌子

三、2020 年 12 月组织机构名录

（一）管理部门（10 个）			
1	综合办公室（党办、董办、总办）	6	质量安全环保部（安全监督站）
2	人事部（党委组织部）	7	财务部
3	计划部	8	纪委办公室（审计部、监事会办公室）
4	生产技术部	9	企管法规部
5	设备部	10	企业文化部（党委宣传部、工会）
（二）直属机构（5 个）			
1	销售公司	4	质检中心（环保监测中心站）
2	物供中心	5	消防支队
3	信息中心		
（三）运行单位（7 个）			
1	运行一部	5	运行五部
2	运行二部	6	储运部
3	运行三部	7	动力部
4	运行四部		

第二节 基本情况统计表

一、主要指标完成情况

项目 \ 年份	2016	2017	2018	2019	2020
原油加工量（万吨）	902	902	914	827	843
产品销售量（万吨）	867	882	906	814	814
其中：出口（万吨）	423	399	388	387	369
销售收入（万元）	1877350	2749210	3724521	3301183	2541862
利润（万元）	147539	260235	155757	25851	−134435
上缴税金（万元）	507617	566453	665302	541630	573823
工业总产值（现价）（万元）	2035612	2786938	3706734	3190260	2505608
工业增加值（万元）	629332	622550	462593	339969	334675

二、员工队伍情况

项目＼年份		2016	2017	2018	2019	2020
全部用工（人）		1059	1070	1043	1057	1059
用工性质	其中：非合同化（人）	0	0	0	0	0
	其中：合同化（人）	1059	1070	1043	1057	1059
岗位性质	其中：管理岗位（人）	339	349	346	341	328
	其中：操作岗位（人）	720	721	697	716	731

三、党组织情况统计表

项目＼年份		2016	2017	2018	2019	2020
党委（个）		1	1	1	1	1
党支部（个）		19	20	20	20	21
党员（人）		382	386	379	390	397
	其中：女职工	14	14	14	16	17
	其中：少数民族	25	22	22	20	25
	其中：在岗职工	361	367	365	382	383
岗位分类	管理人员、专业技术人员	199	201	200	206	207
	操作服务人员	162	166	165	176	176
文化结构	大专以上学历	331	336	329	337	338
	中专、技校、高中	47	46	46	49	59
	初中以下	4	4	4	4	0
年龄结构	35岁及以下	85	93	79	97	93
	36～45岁	145	116	77	75	59
	46～55岁	126	150	196	195	211
	56岁及以上	26	27	27	23	34
发展党员（人）		2	3	4	7	8

四、专业技术人员统计表

（一）高级工程师人员名单

序号	姓名	职 称	授予时间
1	杨 兴	高级工程师	2016.12
2	张 琴	高级工程师	2016.12
3	赵永利	高级工程师	2016.12
4	柳广厦	高级工程师	2017.12
5	聂士新	高级工程师	2017.12
6	张 寒	高级工程师	2017.12
7	周 峰	高级工程师	2017.12
8	徐 勇	高级工程师	2017.12
9	程 辉	高级工程师	2018.12
10	金 勇	高级工程师	2018.12
11	于明欣	高级工程师	2018.12
12	任学斌	高级工程师	2018.12
13	钟文坤	高级工程师	2018.12
14	齐恒山	高级工程师	2019.12
15	孙 昊	高级工程师	2019.12
16	周德全	高级工程师	2019.12
17	樊继磊	高级工程师	2019.12
18	黎培德	高级工程师	2019.12
19	王江宾	高级工程师	2020.12
20	张 啸	高级工程师	2020.12
21	方小刚	高级工程师	2020.12
22	段佳辉	高级工程师	2020.12
23	初尔军	高级工程师	2020.12
24	张锋镝	高级工程师	2020.12
25	王敏杰	高级工程师	2020.12

（二）高级经济师人员名单

序号	姓名	职 称	授予时间
1	郎岩松	高级经济师	2016.12
2	王军航	高级经济师	2017.12
3	侯永新	高级经济师	2019.12
4	于思江	高级经济师	2019.12
5	吴岩枫	高级经济师	2020.12

（三）高级政工师人员名单

序号	姓名	职 称	授予时间
1	田海娟	高级政工师	2018.12
2	田　冬	高级政工师	2019.12

第三节　获得表彰的先进集体和个人名单

一、先进集体名单

（一）省级先进集体名单

授予时间	荣誉称号	获奖集体
2018.6	2018年度省级先进基层党组织	运行五部党支部

（二）市级先进集体名单

授予时间	荣誉称号	获奖集体
2016.5	大连市先进团委	大连西太团委
2016.6	大连市先进基层党组织	质量安全环保部党支部
2016.12	大连市首批厂务公开标准化建设单位	大连西太工会
2020.5	大连市五四红旗团委	大连西太团委
2020.5	大连市五四红旗团支部	运行一部团支部

（三）集团公司先进集体名单

授予时间	荣誉称号	获奖集体
2016.6	集团公司先进基层党组织	运行三部党支部
2018.2	2017 年度全省企业专职消防队先进单位	消防队
2019.1	2018 年度节能节水先进基层单位	运行五部
2019.1	2018 年度先进 HSE 标准化站（队）	运行五部
2019.2	集团公司宣传思想文化工作先进集体	党委宣传部
2019.6	集团公司先进基层党组织	运行四部党支部
2020.1	集团公司 2019 年度质量安全环保节能先进企业	大连西太
2020.1	2019 年度先进 HSE 标准化站（队）	运行二部催化裂化装置 运行四部连续重整装置
2020.1	2019 年度绿色基层队（站）、车间（装置）	运行四部130万吨/年汽油分离装置、动力部
2020.1	2019 年度节能节水先进基层单位	运行二部
2020.5	2018—2019 年度集团公司五四红旗团支部	储运部团支部
2020.12	集团公司先进集体	运行四部

二、先进个人名单

（一）省级先进个人名单

授予时间	荣誉称号	获奖个人	单　位
2018.2	2017年度全省企业消防队先进个人	刘国利、郑学财	消防队

（二）市级先进个人名单

授予时间	荣誉称号	获奖个人	单　位
2016.6	大连市优秀共产党员	刘文涛	运行一部
2016.6	大连市优秀党务工作者	于承祖	计划部
2017.10	大连市优秀班组长标兵	靳　鹏	运行二部
2017.10	大连市优秀班组长	卢本宏	运行一部
2017.10	大连市班组建设先进个人	范文军	生产技术部
2018.10	大连市优秀车间主任标兵	柳广厦	运行三部
2018.10	大连市优秀车间主任	霍宗双	运行二部

（三）集团公司先进个人名单

授予时间	荣誉称号	获奖个人	单　位
2016.1	2015 年度环境保护先进个人	王汝明 刘　巍	质量安全环保部、运行五部
2016.1	2015 年度节能节水先进个人	孙玉祥	生产技术部
2016.1	2015 年度安全监督先进个人	韩殿启	储运部
2016.1	2015 年度安全生产先进个人	董克林	生产技术部
2016.1	2015 年度安全管理先进个人	张云锋	质量安全环保部
2016.3	质量计量标准化管理先进个人	吴学英	质量安全环保部
2016.3	质量计量标准化管理先进个人	江润霖	质检中心
2016.4	2013—2015 年度财务工作先进个人	李　洪	财务部
2016.4	信息化工作先进个人	王晓宁 杨清宇	信息中心
2016.6	“十二五”财税价格工作先进个人	盛　群	财务部
2016.6	优秀党务工作者	陈永军	储运部
2016.6	优秀共产党员	董克林	大连西太管理层
2016.8	物资采购与招标管理先进个人	万小艺	物供中心
2016.10	“十三五”规划先进个人	聂士新	发展部
2017.1	2016 年度环境保护先进个人	谢帮鹿	质量安全环保部
2017.1	2016 年度安全监督先进个人	曹爱军	质量安全环保部
2017.9	中国石油组织史资料编纂先进个人	黄　雅	人事部
2017.11	办公室系统先进个人	侯永新	综合办公室
2018.2	2017 年度环境保护先进个人	刘　军 李庆宇	运行二部/运行五部
2018.5	2017 年度质量管理先进个人	李晓光	质检中心
2019.1	2018 年度安全监督先进个人	付玉财 孔庆杰	质量安全环保部
2019.1	2018 度质量管理先进个人	段佳辉	运行四部
2019.1	2018 度节能节水先进个人	段佳辉	运行四部
2019.1	2018 度安全生产先进个人	齐恒山	运行二部

续表

授予时间	荣誉称号	获奖个人	单　位
2019.1	2018 年度环境保护先进个人	王汝明 高　严	质量安全环保部/储运部
2019.2	宣传思想文化工作先进个人	杜安群	企业文化部
2019.4	人事档案工作先进工作者	黄　雅	人事部（党委组织部）
2019.5	优秀青年	程　辉	设备部
2019.5	资金管理先进个人	盛　群	财务部
2019.6	优秀共产党员	刘　毅	设备部
2019.6	优秀党务工作者	牟　明	人事部（党委组织部）
2019.12	生产经营管理先进个人	代春雷 贾　明 马兴义	计划部、生产技术部 销售公司
2019.12	年度统计工作先进个人	董玉娟 赵文升 戚　凯 吕　华	计划部、运行二部、计划部、 运行一部
2020.1	2019 年度质量管理先进个人	李晓光	质检中心
2020.1	2019 年度安全监督先进个人	初尔军 韩　勇	运行五部、质量安全环保部
2020.1	2019 年度安全生产先进个人	于明欣	生产技术部
2020.1	2019 年度环境保护先进个人	段佳辉 张锋镝	运行四部、动力部
2020.1	2019 年度年度节能节水先进个人	齐恒山	运行二部
2020.1	2019 年度 HSE 管理体系审核先进个人、优秀审核员	李云浩 杨　峰	质量安全环保部、储运部
2020.3	宣传思想文化工作优秀工作者	王桂瑾 张春来	企业文化部、 运行一部
2020.3	2019 年度组织史资料征编工作先进个人	李　健	企业文化部
2020.5	2018—2019 年度集团公司优秀共青团员	王勃森	运行三部
2020.5	2018—2019 年度集团公司优秀共青团干部	张立坤	运行五部
2020.5	2018—2019 年度集团公司最美青工	段佳辉	运行四部

续表

授予时间	荣誉称号	获奖个人	单　位
2020.8	档案工作先进个人	侯永新	综合办公室
2020.8	《集团年鉴》工作优秀个人	马　伟	综合办公室
2020.9	抗击新冠肺炎疫情先进个人	王梦炽	质量安全环保部
2020.11	政策研究工作先进个人	王桂瑾	企业文化部
2020.12	劳动模范	卢本宏	运行一部
2020.12	“党课开讲啦”优秀党课	朱卫东	公司领导

第四节　当选党代表及人大代表名单

一、大连市党代表名单

姓 名	性 别	民 族	出生年月	职 务	入党时间	当选届次
郝相民	男	汉	1964.1	总经理、党委书记	1992.10	大连市第十二次党代会

二、大连市人大代表名单

姓 名	性 别	民 族	出生年月	职 务	入党时间	当选届次
靳　鹏	男	汉	1972.6	工艺管理	2011.6	大连市第十六届人大代表

三、辽宁省人大代表名单

姓 名	性 别	民 族	出生年月	职 务	入党时间	当选届次
郝相民	男	汉	1964.1	总经理、党委书记	1992.10	辽宁省第十二届、第十三届人大代表

第六章　组织人事大事纪要

二〇一六年

3 月 7 日　大连西太决定，成立运行五部，将运行一部的柴油加氢装置、汽油加氢装置和运行二部的气分装置、烷基化装置和 MTBE 装置划入运行五部，促进生产装置运行进一步优化。成立审计监察部纪检监察处，撤销纪检监察主任岗。【大连西太人事〔2016〕2 号】

3 月 7 日　大连西太决定：聘任骆立栋为运行五部主任（代理）；周余泉为审计监察部纪检监察处主任；高晓峰为审计监察部纪检监察处副主任（处主任级）；李庆宇为运行五部生产主任兼安全总监；初尔军为运行五部设备主任；齐恒山为运行二部生产主任（处副主任级）；衣凤城为运行三部安全总监；杨兴为运行四部生产主任（处副主任级）；鞠延波任运行五部生产主任（处副主任级），上述人员聘期与领导干部聘期同步。解聘骆立栋、周余泉、高晓峰、李庆宇原任职务。【大连西太人事〔2016〕3 号】

3 月 8 日　大连西太第二届董事会第二十二次全体会议同意道达尔温雯安出任大连西太董事会副董事长；韦亚丰不再担任副董事长职务。【大连西太第二届董事会第二十二次全体会议纪要】

3 月 14 日　大连西太决定，综合部更名为综合办公室（党委宣传部），所属后勤服务处与保卫处合并，成立行政处；企业文化处更名为企业文化处（党群工作处）。销售部更名为销售公司，化验监测部更名为质检中心（环保监测中心站），供应部更名为物供中心。销售公司、物供中心、质检中心（环保监测中心站）为大连西太直属机构。机关部门更改为管理部门，生产运行单位更改为运行单位，调整后大连西太组织机构：管理部门 9 个，直属机构 3 个，运行单位 7 个。【大连西太人事〔2016〕4 号】

3 月 14 日　大连西太决定：聘任王国松为综合办公室主任；赵予萍为综合办公室副主任；王桂瑾为综合办公室文秘处主任；李红兵为综合办公

室行政处主任；唐守刚为综合办公室行政处副主任（处主任级）；杜安群为综合办公室企业文化处（党群工作处）主任；田冬为综合办公室企业文化处（党群工作处）副主任（处主任级）；王晓宁为综合办公室信息处主任；丁哲帅为人事部副部长；孙海滨为计划部副部长（部长级）；齐万臣为计划部副部长；张敏为计划部计划处主任；张锋镝为生产技术部生产运行处副主任（主持工作）；王照力为质量安全环保部副部长；王长发为质量安全环保部消防队队长（处主任级）；杨坤为设备部仪表处副主任；王杰为销售公司经理；王军航为销售公司副经理；马兴义为销售公司副经理兼国外销售处主任；杨坚为销售公司国内销售处主任；陈波为销售公司市场价格处主任；谷玉文为销售公司市场开发主任；贺兆伟为质检中心主任（代理）；由世锋为质检中心质量控制主任；张疆兵为质检中心分析化验主任、环保检测中心站站长；曲寿波为质检中心分析化验主任兼安全总监；刘明生为物供中心主任；单宝贵为物供中心副主任；万小艺为物供中心计划处主任；陈志明为物供中心采购处主任；顾迎新为物供中心仓储处主任；曹永胜为运行一部主任；王云海为动力部主任；张永魁为动力部生产主任。上述人员聘期与领导干部聘期同步，原任职务自行解聘。【大连西太人事〔2016〕5号】

3月22日　大连西太决定：王国松任综合办公室党支部书记；王杰任销售公司党支部书记；贺兆伟任质检中心党支部书记；刘明生任物供中心党支部书记；曹永胜任运行一部党支部书记；李庆宇任运行五部党支部书记；王云海任动力部党支部书记。【大连西太党委〔2016〕7号】

3月30日　经研究并商得中共大连市委同意，集团公司党组决定：曲豫同志任大连西太平洋石油化工有限公司党委委员。【中油党组〔2016〕32号】

4月7日　经研究并商得中共大连市委同意，股份公司决定：推荐曲豫为大连西太平洋石油化工有限公司副总经理。【油人事函〔2016〕18号】

4月26日　大连西太第二届董事会传签同意中化钟韧任董事会副董事长；刘德树不再担任副董事长职务。【2016年4月关于调整董事会成员的决议】

6月14日　大连西太决定，撤销发展部档案管理处机构设置，其职能

划入综合办公室文秘处。【大连西太人事〔2016〕11号】

6月14日　大连西太决定：聘任贺兆伟为质检中心主任；骆立栋为运行五部主任；由世锋为质量安全环保部安全技术与质量处副主任（处主任级）；李胜步为发展部规划处副主任（处主任级）；侯永新为综合办公司文秘处副主任，解聘由世锋、李胜步原任职务。上述人员聘期与领导干部聘期同步。【大连西太人事〔2016〕12号】

8月19日　大连西太第二届董事会传签，同意股份公司丁泉、大连建投董亚男女士出任大连西太董事会董事；丁士炉、许云福不再担任董事职务。【2016年4月关于调整董事会成员的决议】

10月18日　大连西太决定：聘任高晓峰为审计监察部（纪委）纪检监察处主任，聘期与公司领导干部聘期同步。解聘周余泉、赵文衡、吴学英原任职务。【大连西太人事〔2016〕16号】

11月21日　中共大连市委批复，同意大连西太10月20日召开的第二次代表大会选举产生的中共大连西太平洋石油化工有限公司委员会和纪律检查委员会，以及上述两个委员会选举产生的书记、副书记。中共大连西太平洋石油化工有限公司第二届委员会由卢军、叶志伟、刘初春、曲豫、李玉成、金朝宽、郝相民等7人组成，郝相民同志为党委书记。中共大连西太平洋石油化工有限公司第二届纪律检查委员会由卢军、王继光、王国松、丁哲帅、高晓峰等5名同志组成，卢军同志为纪委书记。【大组复〔2016〕159号】

12月15日　大连西太决定，成立审计监察部审计（纪委）与企管处；销售公司市场价格处更名为销售公司市场处。【大连西太人事〔2016〕18号】

12月15日　大连西太决定，对三年一届任期已满的公司所属领导干部进行重新聘任。聘任朱卫东、王国松为总经理助理；姚元勋、郭旭东为副总工程师；张寒为综合办公室主任；李红兵为综合办公室副主任（代理）兼行政处主任；王桂瑾为综合办公室副主任；侯永新为综合办公室文秘处副主任

（主持工作）；杜安群为综合办公室企业文化处（党群工作处）主任；田冬为综合办公室企业文化处（党群工作处）副主任（处主任级）；王晓宁为综合办公室信息处主任；丁哲帅为人事部部长（代理）；吴岩枫为人事部人事处主任；任利锐为人事部薪酬处主任；牟明为人事部培训处主任；王继光为审计监察部部长；高晓峰为审计监察部纪检监察处主任；苗青为审计监察部审计与企管处主任；景运壮为财务部副部长（主持工作）；李洪为财务部会计处副主任（主持工作）；康伟为财务部财务管理处副主任（主持工作）；杨光明为财务部工程预决算处主任；于承祖为计划部部长；孙海滨为计划部副部长（部长级）；齐万臣为计划部副部长；张敏为计划部计划处主任；张卫华为计划部原油处主任；庞建阁为计划部原油处副主任（处主任级）；范文军为生产技术部部长；陈永军为生产技术部副部长（部长级）；张锋镝为生产技术部生产运行处副主任（主持工作）；孙玉祥为生产技术部工艺技术处主任；王健为生产技术部计量处主任；孙方亮为设备部部长兼维修中心主任；刘毅、王梦炽为副部长；高明超为设备部设备处主任；季福立为设备部设备处副主任（处主任级）；程辉为设备部电力处主任；陈长余为设备部仪表处主任；杨坤为设备部仪表处副主任；王晨为设备部计划处主任；王班为设备部维修中心安全总监（处副主任级）；张德伟为质量安全环保部部长；王照力、李艳良、郭建民为质量安全环保部副部长；张满山为质量安全环保部安全监督处主任兼安全监督站站长（副部长级）；李振海为质量安全环保部环保处主任；张云峰为质量安全环保部安全技术与质量处主任；由世锋为质量安全环保部安全技术与质量处副主任（处主任级）；王长发为质量安全环保部消防队队长（处主任级）；郑学财为质量安全环保部消防队副队长；聂士新为发展部部长；郝黎明为发展部规划处主任；李胜步为发展部规划处副主任（处主任级）；史清录为发展部工程管理处主任；王军航为销售公司经理；戴学海、马兴义为销售公司副经理；杨坚为销售公司国内销售处主任；郎岩松为销售公司国外销售处副主任（主持工作）；陈波为销售公司市场处主任；谷玉文为销售公司市场开发主任；单宝贵为物供中心主任（代理）；万小艺为物供中心计划处主任；陈志明为物供中心采购处主任；顾迎新为物供中心仓储处主任；贺兆伟为质检中心主任；张疆兵为质检中心质量控制主任；曲寿波为质检中心分析化验主任兼安全总监、环保检测中心站站长；曹永胜为运行一部主任；王军为运行一部生产主任；潘志强为运行一部生产主任（处副主任级）；张春来为运行一部设备主任；徐勇为运行一部设备主任（处副主任级）；王君为运行一部安全总监（处副主任级）；霍宗双为运行二部主任；郭丹为运行二部生产主任；齐恒山为运行二部生产主任（处副主任级）；王江滨为运行二部设备主任（处副主任级）；宋德志为运行二部设备主任（处副主任级）；付玉财为运行二部安全总监；闫庆东为运行三部主任；衣凤城为运行三部生产主任（处副主任级）；李朋宇为运行三部设备主任；李寅鹏为运行三部安全总监（处副主任级）；柳广厦为运行四部主任；杨兴为运行四部生产主任（处副主任级）；张杰为运行四部设备主任（处副主任级）；周峰为运行四部安全总监；骆立栋为运行五部主任；李庆宇为运行五部生产主任兼安全总监；鞠延波为运行五部生产主任（处副主任级）；初尔军为运行五部设备主任；吕志西为储运部主任；解书海为储运部生产主任（处副主任级）；赵金刚为储运部设备主任；韩殿启为储运部安全总监；王云海为动力部主任；张永魁为动力部设备主任；王煜为动力部电气主任；王彬为动力部生产主任（处副主任级）；朱力辉为动力部安全总监。以上领导干部聘期为三年。【大连西太人事〔2016〕19 号】

12 月 15 日　大连西太党委决定：任命张寒为党委宣传部部长，丁哲帅为党委组织部部长。【大连西太党委〔2016〕37 号】

12 月 15 日　大连西太党委决定：任命王国松为机关党总支书记；丁哲帅为基层党总支书记；张寒为综合办公室党支部书记；丁哲帅为人事部党支部书记；王继光为审计监察部党支部书记；景运壮为财务部党支部书记；于承祖为计划部党支部书记；范文军为生产技术部党支部书记；孙方亮为设备部党支部书记；张德伟为质量安全环保部党支部书记；聂士新为发展部党支部书记；王军航为销售公司党支部书记；单宝贵为物供中心党支部书记；贺兆伟为质检中心党支部书记；曹永胜为运行一部党支部书记；霍宗双为运行二部党支部书记；闫庆东为运行三部党支部书记；柳广厦为运行四部党支部书记；李庆宇为运行五部党支部书记；吕志西为储运部党支部书记；王云海为动力部党支部书记。【大连西太党委〔2016〕38 号】

12 月 26 日　大连西太党委批复，同意各党支部换届选举产生的新一届党支部委员会及党支部书记。【大连西太党委〔2016〕41 号】

二〇一七年

1月10日　大连西太决定，对公司工会第四届委员会组成人员进行调整。调整后公司工会第四届委员会委员有卢军、王国松、田冬、李红兵、任利锐、杨光明、赵永利、杨坤、张云峰、史清录、张疆兵、陈志明、张春来、宋德志、李朋宇、周峰、初尔军、赵金刚、王煜，共19人。【大连西太工会〔2017〕2号】

1月16日　大连西太决定：聘任李红兵为综合办公室副主任兼行政处主任，聘期与领导干部聘期同步，原任职务自行解聘。【大连西太人事〔2017〕2号】

2月9日　大连西太决定：聘任丁哲帅为人事部部长，聘期与领导干部聘期同步，原任职务自行解聘。【大连西太人事〔2017〕4号】

2月21日　大连西太决定：聘任张芳华为大连西太线性规划专家；夏毅为大连西太控制仪表专家；张祖奇为专业级设备专家；李红春为专业级仪表专家；邹积强为专业级防腐专家；张占学为专业级财务专家。以上人员聘期为三年，聘任时间自2017年2月开始计算。【大连西太人事〔2017〕5号】

3月10日　大连西太第二届董事会第二十三次全体会议决定：中化张伟、道达尔莫斯科尼任大连西太董事会副董事长；杜国盛、温雯安不再担任副董事长职务；道达尔奴北堂任董事会董事；陆豪杰不再担任董事。【大连西太第二届董事会第二十三次全体会议纪要】

3月10日　大连西太印发了《大连西太平洋石油化工有限公司员工离岗歇业管理办法（暂行）》的通知。【大连西太人事〔2017〕6号】

3月20日　大连西太决定：聘任单宝贵为物供中心主任，聘期与领导干部聘期同步，原任职务自行解聘。【大连西太人事〔2017〕7号】

6月30日　股份公司人事部决定：推荐段良伟为大连西太平洋石油化工有限公司董事会副董事长人选；沈殿成不再担任副董事长职务。推荐郝相

民为大连西太平洋石油化工有限公司执行董事人选；丁泉不再担任董事职务。【油人事函〔2017〕56号】

7月4日　大连西太第二届董事会传签，同意股份公司段良伟任董事会副董事长；沈殿成不再担任副董事长职务。同意郝相民任董事会执行董事；丁泉不再担任董事。【2017年7月关于调整董事会成员的决议】

7月12日　大连西太决定，消防队从质量安全环保部中分开独立，属大连西太直属机构，副部级单位。【大连西太人事〔2017〕10号】

7月12日　大连西太决定：聘任王梦炽为设备部部长兼维修中心主任；高明超、程辉为设备部副部长；季福立为设备部设备处主任；何永明为设备部电力处副主任（主持工作）；孙方亮为发展部部长；聂士新为发展部副部长（部长级）；曹永胜为生产技术部副部长；王照力为消防队队长；王长发为消防队副队长；郑学财为消防队副队长；牟明为人事部组织员（副部长级）；于思江为人事部培训处副主任（主持工作）；王军为运行一部主任；宋元栋为运行一部生产主任（处副主任级）；初尔军为运行五部安全总监；郑楠为运行五部设备主任（处副主任级）；高严为储运部生产主任（处副主任级）。上述人员原任职务自行解聘，新任职务聘期与领导干部聘期同步。【大连西太人事〔2017〕11号】

7月21日　大连西太决定：任命王梦炽为设备部党支部书记；孙方亮为发展部党支部书记；王照力为消防队党支部书记；王军为运行一部党支部书记。同时决定：孙方亮不再担任设备部党支部书记；聂士新不再担任发展部党支部书记；曹永胜不再担任运行一部党支部书记。【大连西太党委〔2017〕23号】

8月5日　叶志伟去世。

8月21日　股份公司决定：李玉成退休。【石油人事〔2017〕205号】

9月7日　大连西太决定，将储运部计量班操作人员和职能划归生产技术部计量处。【大连西太人事〔2017〕13号】

9月7日　大连西太决定：聘任景运壮为财务部部长；李洪为财务部

会计处主任；陈长余为生产技术部计量处主任；杨坤为设备部仪表处副主任（主持工作）；金勇为设备部仪表处副主任；张满山为质量安全环保部副部长兼安全监督处主任（安全监督站站长）；曲寿波为质检中心主任兼环保监测中心站站长；张疆兵为质检中心副主任（处主任级）兼安全总监；张春来为运行一部副主任（处主任级）；马昌岳为运行一部设备主任（处副主任级）；付玉财为运行二部副主任（处主任级）；张啸为运行二部安全总监（处副主任级）；贺兆伟为储运部主任；吕志西为储运部副主任（处主任级）。上述人员原任职务自行解聘，新任职务聘期与领导干部聘期同步。解聘解书海储运部生产主任（处副主任级）职务。【大连西太人事〔2017〕14号】

9月22日 大连西太决定：任命贺兆伟为储运部党支部书记；曲寿波为质检中心党支部书记。同时决定：贺兆伟不再担任质检中心党支部书记；吕志西不再担任储运部党支部书记。【大连西太党委〔2017〕26号】

11月19日 大连西太决定：聘任柳广厦为运行三部主任，原任职务自行解聘，新任职务聘期与领导干部聘期同步。运行四部由生产主任杨兴主持工作。免去闫庆东运行三部主任职务。【大连西太人事〔2017〕18号】

11月28日 经研究并商得中共大连市委同意，集团公司党组决定：朱卫东同志任大连西太平洋石油化工有限公司党委委员。【中油党组〔2017〕257号】

11月28日 经研究并商得中共大连市委同意，股份公司决定：推荐朱卫东为大连西太平洋石油化工有限公司副总经理。【油人事函〔2017〕89号】

11月28日 股份公司决定：曲豫任大连西太平洋石油化工有限公司安全总监。【石油任〔2017〕305号】

12月21日 大连西太决定：任命柳广厦为运行三部党支部书记；杨兴为运行四部党支部书记。同时决定：柳广厦不再担任运行四部党支部书记；闫庆东不再担任运行三部党支部书记。【大连西太党委〔2017〕31号】

二〇一八年

3 月 20 日　股份公司决定：卢军退休。【石油人事〔2018〕62 号】

4 月 3 日　经研究并商得中共大连市委同意，集团公司党组决定：韩圣福同志任大连西太平洋石油化工有限公司党委委员；王国松同志任大连西太平洋石油化工有限公司党委委员、纪委书记。免去金朝宽同志的大连西太平洋石油化工有限公司党委委员职务。【中油党组〔2018〕41 号】

4 月 12 日　经研究并商得中共大连市委同意，股份公司决定：推荐韩圣福为大连西太平洋石油化工有限公司总会计师，金朝宽不再担任大连西太平洋石油化工有限公司副总经理职务。【油人事函〔2018〕31 号】

4 月 5 日　大连西太第二届董事会传签同意韩圣福任大连西太总会计师，解聘金朝宽大连西太副总经理职务。【2018 年 4 月关于聘任韩圣福为总会计师的决议】

5 月 25 日　大连西太决定：聘任闫庆东为生产技术部工艺技术处主任；高明超为设备部设备运行主任（处主任级）；李寅鹏为运行三部生产主任（处副主任级）；张杰为运行三部设备主任（处副主任级）；衣凤城为运行三部安全总监（处副主任级）；杨兴为运行四部主任（处主任级）；段佳辉为运行四部生产主任（处副主任级）；方小刚为运行四部设备主任（处副主任级）；孙昊为运行四部设备主任（处副主任级）。上述人员职务聘期与领导干部聘期同步。免去孙玉祥生产技术部工艺技术处主任职务，离岗休养；免去李朋宇运行三部设备主任职务；免去高明超、李寅鹏、衣凤城、杨兴、张杰原任职务。【大连西太人事〔2018〕3 号】

7 月 10 日　大连西太决定，将各单位安全总监统一更名为 HSE 总监。【大连西太人事〔2018〕4 号】

7 月 16 日　大连西太第二届董事会传签同意中化杨林、莫思宏出任董事会董事、副董事长；张伟、钟韧不再担任董事会董事、副董事长职务。

【2018 年 7 月关于调整董事会成员的决议】

8 月 25 日　大连西太决定，撤销发展部，将发展部所辖规划处职能全部归入生产技术部，与工艺技术处合并，成立技术与规划处；将工程管理处职能全部归入设备部，与计划处合并，成立计划与项目管理处。成立企业文化部（党委宣传部），将综合办公室企业文化处划入，内部不设处，按专业线配备领导干部。综合办公室（党委办公室）增设工会办公室，负责工会日常管理工作。大连西太施行行政部门与党群部门合署办公，即：综合办公室兼党委办公室，人事部兼党委组织部，企业文化部兼党委宣传部，审计监察部兼纪委。调整后大连西太组织机构：管理部门 9 个，直属机构 4 个，运行单位 7 个。【大连西太人事〔2018〕9 号】

8 月 25 日　大连西太决定：田冬任综合办公室（党委办公室）工会办公室主任（处主任级）；聂士新任生产技术部副部长（部长级）；闫庆东任生产技术部技术与规划处主任；孙方亮任设备部党支部书记兼副部长（部长级）；王晨任设备部计划与项目管理处主任；史清录任设备部计划与项目管理处副主任（处主任级）；郝黎明任审计监察部（纪委）纪检监察处副主任（处主任级）；张德伟任企业文化部（党委宣传部）部长；王桂瑾任企业文化部（党委宣传部）副部长；杜安群任企业文化部（党委宣传部）企业文化主任；张春来任运行一部党支部书记兼副主任（副部长级）；付玉财任运行二部党支部书记兼副主任（副部长级）；李胜步任运行三部党支部书记兼副主任（副部长级）；郭丹任运行四部党支部书记兼副主任（副部长级）；李庆宇任运行五部党支部书记兼副主任（副部长级）；张敏任储运部党支部书记兼副主任（副部长级）；张锋镝任动力部党支部书记兼副主任（处主任级）。免去上述人员原任职务，新任职务任期与公司领导干部任期同步。【大连西太人事〔2018〕11 号】

8 月 25 日　大连西太决定：任命张寒同志为党委办公室主任；张德伟同志为党委宣传部部长。免去张寒同志党委宣传部部长职务【大连西太党委〔2018〕42 号】

8 月 25 日　大连西太决定：任命孙方亮同志为设备部党支部书记；董克林同志为质量安全环保部党支部书记；张德伟同志为企业文化部党支部书

记；张春来同志为运行一部党支部书记；付玉财同志为运行二部党支部书记；李胜步同志为运行三部党支部书记；郭丹同志为运行四部党支部书记；李庆宇同志为运行五部党支部书记；张敏同志为储运部党支部书记；张锋镝同志为动力部党支部书记。免去王国松同志机关党支部书记职务；丁哲帅同志基层党支部书记职务；王梦炽同志设备部党支部书记职务；张德伟同志质量安全环保部党支部书记职务；孙方亮同志发展部党支部书记职务；王军同志运行一部党支部书记职务；霍宗双同志运行二部党支部书记职务；柳广厦同志运行三部党支部书记职务；杨兴同志运行四部党支部书记职务；贺兆伟同志储运部党支部书记；王云海同志动力部党支部书记。【大连西太党委〔2018〕43 号】

8 月 31 日　大连西太决定：聘任侯永新任综合办公室（党委办公室）文秘处主任；张琴任综合办公室（党委办公室）文秘处副主任；齐万臣兼任计划部计划处主任；于明欣任生产技术部生产运行处副主任（主持工作）；朱力辉任设备部设备处副主任（处主任级）；杨坤任设备部仪表处主任；张云锋任质量安全环保部副部长兼安全技术与质量处主任；吴岩枫任人事部（党委组织部）副部长兼人事处主任；李洪任人事部（党委组织部）薪酬处主任；任利锐为财务部副部长；盛群任财务部会计处副主任（主持工作）；万小艺任审计监察部（纪委）副部长；郭建民任物供中心副主任兼计划处主任；张疆兵任质检中心质检主任（处主任级）；乔志浩任质检中心设备主任兼 HSE 总监（处副主任级）；杨爱明任运行一部生产主任（处副主任级）；齐恒山任运行二部生产主任；张啸任运行二部生产主任（处副主任级）；付玉财兼任运行二部 HSE 总监；衣凤城任运行三部 HSE 总监；鞠延波任运行五部生产主任；王彬任动力部 HSE 总监（处副主任级）。免去上述人员原任职务，新任职务任期与公司领导干部任期同步。【大连西太人事〔2018〕14 号】

9 月 5 日　大连西太董事会传签决议，同意道达尔股份有限公司向中国石油天然气股份有限公司转让其持有大连西太 22.407% 的股份。同意中国中化集团有限公司转让其持有大连西太 8.424% 的股权。同意中化（香港）石油国际有限公司转让其持有大连西太 25.208% 的股权。【2018 年 9 月大连西

太平洋石油化工有限公司董事会决议】

9月7日　大连西太决定，成立招标管理办公室，挂靠审计监察部（纪委），负责招标管理和法律工作，万小艺兼任招聘管理办公室主任；成立招标中心，挂靠物供中心，负责招标过程的操作、协调，单宝贵兼任招标中心主任。【大连西太人事〔2018〕15号】

9月27日　TOTAL S.A.（道达尔股份有限公司）与中国石油天然气股份有限公司签署大连西太平洋石油化工有限公司股权转让协议，同意转让其持有大连西太22.407%的股份。确认免除Jean-Jacques Mosconi（莫斯科尼）董事兼副董事长职务；Bertrand de la Noue（奴北堂）董事职务。【大连西太平洋石油化工有限公司股权转让决议】

11月8日　大连西太决定：张寒任总经理助理兼综合办公室（党委办公室）主任；董克林任总经理助理兼质量安全环保部部长。免去上述人员原任职务，新任职务任期与公司领导干部任期同步。【大连西太人事〔2018〕16号】

12月6日　中国中化集团有限公司、中化（香港）石油国际有限公司分别与中国石油天然气股份有限公司签署大连西太平洋石油化工有限公司产权交易合同，同意转让其持有大连西太8.424%和25.208%的股权。【大连西太平洋石油化工有限公司产权交易合同】

二〇一九年

1月4日　经研究并商得中共大连市委同意，集团公司党组决定：徐晓明同志任大连西太平洋石油化工有限公司党委委员、副书记。【中油党组〔2019〕56号】

1月4日　经研究并商得中共大连市委同意，股份公司决定：徐晓明任大连西太平洋石油化工有限公司总经理，免去郝相民的大连西太平洋石油化工有限公司总经理职务。【石油任〔2019〕40号】

1月28日　大连西太决定，撤销审计监察部（纪委）审计与企管处，成立企管法规部，将审计监察部（纪委）企管、法律法规和合同管理等人员及管理职能划入企管法规部，招标管理办公室由挂靠在审计监察部（纪委），调整至挂靠在企管法规部；成立信息中心，将综合办公室（党委办公室）信息处所辖人员及管理职能划入信息中心；工会办公室划入企业文化部（党委宣传部）；明确公司团委隶属企业文化部（党委宣传部）。综合办公室（党委办公室）更名为综合办公室（党办、董办、总办），审计监察部（纪委）更名为审计监察部（纪委、监事会办公室），企业文化部（党委宣传部）更名为企业文化部（党委宣传部、工会）。调整后大连西太组织机构：管理部门10个，直属机构5个，运行单位7个。【大连西太人事〔2019〕2号】

1月28日　大连西太决定：聘任万小艺为企管法规部副部长兼招标管理办公室主任；苗青任审计监察部（纪委）审计主任；杜安群任企业文化部（党委宣传部）企业文化主任、团委书记；田冬任企业文化部（党委宣传部）工会办公室主任。免去上述人员原任职务，新任职务任期与公司领导干部任期同步。郭旭东兼任公司总法律顾问、企管法规部部长；王晓宁主持信息中心工作。【大连西太人事〔2019〕3号】

1月28日　大连西太决定，企管法规部与信息中心联合，成立企管法规与信息党支部。任命郭旭东同志为企管法规部与信息党支部书记。【大连西太党委〔2019〕11号】

4月22日　股份公司决定：郝相民任大连西太平洋石油化工有限公司董事长。【石油任〔2019〕107号】

4月23日　经研究，股份公司决定：推荐郝相民、徐晓明、韩圣福为大连西太平洋石油化工有限公司董事人选。推荐杨冬艳为大连西太平洋石油化工有限公司监事、监事会主席人选。【油人事函〔2019〕32号】

4月29日　大连西太股东会决议，同意选举郝相民、徐晓明、韩圣福、董亚男为大连西太股东代表董事，与大连西太四届六次职工代表大会选举的职工董事张寒，共同组成大连西太董事会。同意选举杨冬艳、侯立新为大连西太股东代表监事，与大连西太职工代表大会选举的职工监事王继光，共同组成大连西太监事会。【大连西太平洋石油化工有限公司2019年第一次股东会决议】

4月29日　大连西太董事会决议，选举郝相民为董事长。职工董事

张寒任董事会秘书，任期与第三届董事会任期一致。【大连西太平洋石油化工有限公司第三届董事会成立大会暨三届一次会议决议】

4 月 29 日　大连西太监事会决议，选举杨冬艳为首届监事会主席。【大连西太平洋石油化工有限公司第三届一次监事会会议决议】

9 月 11 日　根据《关于进一步强化集团公司消防安全和专职消防队伍建设有关工作的通知》（中油质安〔2019〕285 号）要求，大连西太决定，消防队更名为中国石油消防应急救援大连西太石化支队，公司内部组织机构简称为“消防支队”。【大连西太人事〔2019〕5 号】

9 月 18 日　大连西太决定：任命王晓宁同志为企管法规与信息党支部书记；免去郭旭东同志的企管法规与信息党支部书记职务（离岗休养）。【大连西太党委〔2019〕29 号】

9 月 29 日　大连西太董事会决定：聘任徐晓明为大连西太总经理，郝相民不再担任大连西太总经理职务。【大连西太平洋石油化工有限公司董事会关于总经理任免职的决议】

9 月 29 日　根据《中共中国石油天然气集团有限公司党组关于推进纪检监察体制改革的通知》（中油党组〔2019〕133 号）有关要求，大连西太决定，审计监察部（纪委、监事会办公室）更名为纪委办公室（审计部、监事会办公室）。王继光任纪委办公室（审计部、监事会办公室）主任；高晓峰任纪委办公室（审计部、监事会办公室）纪检处主任；郝黎明任纪委办公室（审计部、监事会办公室）纪检处副主任（处主任级）。【大连西太人事〔2019〕6 号】

12 月 13 日　大连西太决定，对部分党支部名称进行变更。原审计监察部党支部更名为纪委办公室党支部；原消防队党支部更名为消防支队党支部。【大连西太党委〔2019〕38 号】

12 月 21 日　大连西太决定，公司组织机构规格不再按局级、部门级（处级）、处室级（科级）等进行管理，全面实行层级类别管理。公司层面作为集团公司下属企业为一级，管理部门、直属机构和运行单位（处级）为二级，各单位所辖专业及处室（科级）为三级，每个层级内划分正、副。信息中心、质检中心、消防支队等3个直属机构和运行一部、运行二部、运行三部、运行四部、运行五部、储运部、动力部等7个运行单位的机构级别由二级副（副部级、副处级）调整至二级正（正部级、正处级）。撤销综合办公室（党办、董办、总办）、人事部（党委组织部）、计划部、生产技术部、设备部、质量安全环保部、财务部、纪委办公室（审计部、监事会办公室）、企管法规部、企业文化部（党委宣传部、工会）等10个管理部门和销售公司、物供中心等2个直属机构内设的处室，均按照专业进行管理。调整后，大连西太共设10个管理部门、5个直属机构、7个运行单位，均为二级正，不设二级单位。【大连西太人事〔2019〕9号】

12月21日　大连西太决定，对三年一届任期已满的公司所属领导干部，进行重新聘任。张寒任总经理助理兼综合办公室（党办、董办、总办）主任（二级一类正，正处）；董克林任总经理助理（二级一类正，正处）；刘毅任总经理助理兼设备部部长、副书记（二级一类正，正处）；姚元勋任副总工程师（二级一类正，正处）；李红兵任综合办公室（党办、董办、总办）副主任（二级二类副，副处）；侯永新任综合办公室（党办、董办、总办）主任主管/文秘（三级二类正，正科）；张琴任综合办公室（党办、董办、总办）副主任主管/文秘（三级二类副，副科）；田海娟任综合办公室（党办、董办、总办）主任主管/行政后勤（三级二类副，副科）；陈诗卓任综合办公室（党办、董办、总办）主任主管/保卫维稳（三级二类副，副科）；丁哲帅任人事部（党委组织部）部长（二级二类正，正处）；吴岩枫任人事部（党委组织部）副部长兼主任主管/人事（二级二类副，副处）；牟明任人事部（党委组织部）组织员（二级二类副，副处）；李洪任人事部（党委组织部）主任主管/薪酬（三级二类正，正科）；于思江任人事部（党委组织部）主任主管/培训（三级二类正，正科）；于承祖任计划部部长（二级二类正，正处）；齐万臣任计划部副部长（二级二类副，副处）；张卫华任计划部主任主管/原油（三级二类正，正科）；代春雷任计划部主任主管/计划（三级二类副，副科）；范文军任生产技术部部长兼副书记（二级二类正，正处）；贺兆伟任生产技术部党支部书记兼副部长（二级二类正，正处）；聂士新任生产技术部副部长（二级二类正，正处）；曹永胜任生产技术部副部长（二级二类副，副处）；闫庆东任生产技术部主任主管/技术与规划（三级二类正，正科）；陈长余任生产技术部主任主管/计量（三级二类正，正科）；于明欣任生产技术部主任主管/生产运行（三级二类副，副科）；颜炳琳任生产技术部副主任主管/生产运行（三级二类副，副科）；孙方亮任设备部党支部书记兼副部长（二级二类正，正处）；程辉任设备部副部长兼维修中心主任（二级二类副，副处）；高明超任设备部主任主管/设备运行（三级二类正，正科）；王晨任设备部主任主管/计划与项目（三级一类正，正科）；季福立任设备部主任主管/设备（三级二类正，正科）；史清录任设备部维修中心 HSE 总监兼副主任主管/计划与项目（三级二类正，正科）；朱力辉任设备部副主任主管/设备（三级二类正，正科）；杨坤任设备部主任主管/仪表（三级二类正，正科）；何永明任设备部主任主管/电力（三级二类正，正科）；金勇任设备部副主任主管/仪表（三级二类副，副科）；王梦炽任质量安全环保部部长兼副书记（二级二类正，正处）；李艳良任质量安全环保部党支部书记兼副部长（二级二类正，正处）；张满山任质量安全环保部副部长兼安全监督站站长、主任主管/安全监督（二级二类副，副处）；张云锋任质量安全环保部副部长兼主任主管/安全技术与质量（二级二类副，副处）；李振海任质量安全环保部主任主管/环保（三级一类正，正科）；由世锋任质量安全环保部副主任主管/安全技术与质量（三级二类正，正科）；景运壮任财务部部长（二级二类正，正处）；任利锐任财务部副部长（二级二类副，副处）；杨光明任财务部主任主管/工程预决算（三级一类正，正科）；康伟任财务部主任主管/财务（三级二类正，正科）；盛群任财务部主任主管/会计（三级二类副，副科）；王继光任纪委副书记、纪委办公室（审计部、监事会办公室）主任（部长）（二级二类正，正处）；高晓峰任纪委办公室（审计部、监事会办公室）副主任（副部长）（二级二类副，副处）；郝黎明任纪委办公室（审计部、监事会办公室）主任主管/纪委（三级二类正，正科）；陈永军任企管法规部部长（二级二类正，正处）；万小艺任企管法规部副部长兼招标管理办公室主任（二级二类副，副处）；张德伟任企业文化部（党委宣传部、工会）部长（二级二类正，正处）；王桂瑾任企业文化部（党委宣传部、工会）副部长（二级二类副，副处）；田冬任企业文化部（党委宣传部、工会）主任主管/工会（三级三类正，正科）；李健任企业文化部（党委宣传部、工会）主任主管 / 企业文化、团委书记（三级二类副，副科）；王军航任销售公司经理（二级二类正，正处）；戴学海任销售公司副经理（二级二类副，副处）；马兴义任销售公司副经理（二级二类副，副处）；杨坚任销售公司主任主管 / 国内销售（三级一类正，正科）；边振昱任销售公司主任主管 / 国外销售（三级二类副，副科）；单宝贵任物供中心主任兼招标中心主任（二级二类正，正处）；郭建民任物供中心副主任（二级二类副，副处）；顾迎新任物供中心主任主管 / 仓储（三级三类正，正科）；池森任物供中心主任主管 / 计划（三级二类副，副科）；于涛任物供中心主任主管 / 采购（三级二类副，副科）；王晓宁任信息中心主任（二级二类副，副处）；杨清宇任信息中心主任主管 / 信息技术（三级二类副，副科）；曲寿波任质检中心主任兼环保监测中心站站长（二级二类副，副处）；张疆兵任质检中心主任主管 / 质检（三级二类正，正科）；乔志浩任质检中心主任主管 / 设备、HSE 总监（三级二类副，副科）；王照力任消防支队支队长（二级三类正，正处）；王长发任消防支队副支队长、HSE 总监（三级二类正，正科）；刘国利任消防支队副支队长（三级二类副，副科）；王军任运行一部主任兼副书记（二级二类副，副处）；张春来任运行一部党支部书记兼副主任（二级二类副，副处）；潘志强任运行一部生产主任（三级二类正，正科）；王江宾任运行一部设备主任（三级二类正，正科）；王君任运行一部 HSE 总监（三级二类正，正科）；马昌岳任运行一部设备主任（三级二类正，正科）；杨爱明任运行一部生产主任（三级二类副，副科）；霍宗双任运行二部主任兼副书记（二级三类正，正处）；付玉财任运行二部党支部书记兼副主任（二级二类副，副处）；齐恒山任运行二部生产主任（三级二类正，正科）；徐勇任运行二部设备主任（三级二类正，正科）；宋德志任运行二部设备主任（三级二类正，正科）；张啸任运行二部生产主任（三级二类正，正科）；樊继磊任运行二部 HSE 总监（三级二类副，副科）；柳广厦任运行三部主任兼副书记（二级三类正，正处）；李胜步任运行三部党支部书记兼副主任（二级二类副，副处）；衣凤城任运行三部 HSE 总监（三级二类正，正科）；李寅鹏任运行三部生产主任（三级二类正，正科）；张杰任运行三部设备主任（三级二类正，正科）；杨兴任运行四部主任兼副书记（三级一类正，正科）；郭丹任运行四部党支部书记兼副主任（二级二类副，副处）；周峰任运行四部 HSE 总监（三级二类正，正科）；段佳辉任运行四部生产主任（三级二类副，副科）；方小刚任运行四部设备主任（三级二类副，副科）；孙昊任运行四部设备主任（三级二类副，副科）；骆立栋任运行五部主任（二级二类副，副处）；李庆宇任运行五部党支部书记兼副主任（二级二类副，副处）；初尔军任运行五部 HSE 总监（三级二类正，正科）；鞠延波任运行五部生产主任（三级二类正，正科）；郑楠任运行五部设备主任（三级二类正，正科）；李新任运行五部设备主任（三级二类副，副科）；张敏任储运部主任兼副书记（二级二类副，副处）；杜安群任储运部党支部书记兼副主任（二级二类副，副处）；吕志西任储运部副主任（三级一类正，正科）；赵金刚任储运部设备主任（三级二类正，正科）；高严任储运部生产主任（三级二类正，正科）；周华任储运部设备主任（三级二类副，副科）；杨峰任储运部 HSE 总监（三级二类副，副科）；王云海任动力部主任兼副书记（二级二类副，副处）；张锋镝任动力部党支部书记兼副主任（三级一类正，正科）；王煜任动力部电气主任（三级二类正，正科）；张永魁任动力部生产主任（三级二类正，正科）；王彬任动力部 HSE 总监（三级二类正，正科）；石超任动力部设备主任（三级二类副，副科）。【大连西太人事〔2019〕10 号】

12 月 21 日　大连西太决定：聘任孙海滨为大连西太资深技术专家；夏毅为大连西太高级技术专家；张芳华为大连西太高级技术专家；李多为为专业技术专家；李春红为专业技术专家；张占学为专业技术专家；张祖奇为专业技术专家。【大连西太人事〔2019〕11 号】

12 月 31 日　大连西太决定：刘毅同志任设备部党支部副书记；范文军同志任生产技术部党支部副书记，免去生产技术部党支部书记职务；贺兆伟同志任生产技术部党支部书记，免去储运部党支部副书记职务；李艳良同志任质量安全环保部党支部书记，免去董克林同志兼任的质量安全环保部党支部书记职务；王梦炽同志任质量安全环保部党支部副书记，免去设备部党支部副书记职务；陈永军同志任企管法规与信息党支部书记，免去王晓宁同志企管法规与信息党支部书记职务；张敏同志任储运部党支部副书记，免去储运部党支部书记职务；杜安群同志任储运部党支部书记。【大连西太党委〔2019〕44 号】

二〇二〇年

4 月 10 日　大连西太第三届第三次董事会会议研究决定：同意大连建投刘志强为大连西太股东代表董事，董亚男不再担任大连西太董事职务。同意大连建投杨杰为大连西太股东代表监事，侯立新不再担任大连西太监事职务。【大连西太股东会 2020 年第一次会议关于董事监事任免职的决议】

6 月 12 日　股份公司决定：金朝宽退休。【石油人事〔2020〕3 号】

6 月 12 日　大连西太决定，进一步对公司组织机构推行分级分类管理。二级一类组织机构（共 6 个）：综合办公室（党办、董办、总办）、人事部（党委组织部）、计划部、生产技术部、设备部、质量安全环保部；二级二类组织机构（共 6 个）：财务部、纪委办公室（审计部、监事会办公室）、企管法规部、企业文化部（党委宣传部、工会）、销售公司、物供中心；二级三类组织机构（共 10 个）：信息中心、质检中心、消防支队、运行一部、运行二部、运行三部、运行四部、运行五部、储运部、动力部。【大连西太人事〔2020〕4 号】

6 月 12 日　大连西太决定，对部分干部层级类别进行调整：丁哲帅，人事部（党委组织部）部长，由二级二类正调整至二级一类正；于承祖，计划部部长，由二级二类正调整至二级一类正；范文军，生产技术部部长兼副书记，由二级二类正调整至二级一类正；孙方亮，设备部党支部书记兼副部长，由二级二类正调整至二级一类正。【大连西太人事〔2020〕5 号】

6 月 28 日　大连西太决定：聘任孙家胜为专业技术专家。【大连西太人事〔2020〕6 号】

10 月 30 日　大连西太决定：王军航任总经理助理兼销售公司经理（二级一类正）；王梦炽任质量安全环保部部长、副书记（二级一类正）；闫庆东任生产技术部副部长兼主任主管 / 技术与规划（二级二类副）；高明超任设备部副部长（二级二类副）；杨光明任物供中心副主任（二级二类副）；侯永新任综合办公室（党办、董办、总办）主任主管 / 机密（三级二类正）；

张琴任综合办公室（党办、董办、总办）主任主管 / 文秘（三级三类正）；于明欣任生产技术部主任主管 / 生产运行（三级二类正）；盛群任财务部主任主管 / 会计（三级二类正）；孙家胜任纪委办公室（审计部、监事会办公室）主任主管 / 审计（三级二类正）；乔志浩任质检中心主任主管 / 设备、HSE 总监（三级二类正）；齐恒山任运行二部主任兼副书记（三级一类正）；段佳辉任运行四部生产主任（三级二类正）；方小刚任运行四部设备主任（三级二类正）；孙昊任运行四部设备主任（三级二类正）；解书海任人事部（党委组织部）主任主管 / 绩效（三级二类副）；邵林运任设备部副主任主管 / 电力（三级二类副）；孙明锋任财务部主任主管 / 工程预决算（三级二类副）；韩逍雪任物供中心主任主管 / 仓储（三级二类副）；樊继磊任运行二部生产主任（三级二类副）；王子健任运行二部 HSE 总监（三级二类副）；石明曦任动力部生产主任（三级二类副）。免去霍宗双运行二部主任兼副书记职务；免去张永魁动力部生产主任职务；免去姚元勋副总工程师职务，离岗休养；免去郭建民物供中心副主任职务，离岗休养；免去郝黎明纪委办公室（审计部、监事会办公室）主任主管 / 纪委职务，离岗休养；免去顾迎新物供中心主任主管 / 仓储职务，离岗休养。【大连西太人事〔2020〕12 号】

10 月 30 日　大连西太决定：聘任霍宗双为生产技术部资深技术专家；张永魁为生产技术部专业技术专家。解聘孙家胜财务部专业技术专家职务。【大连西太人事〔2020〕13 号】

11 月 9 日　经集团公司党组 2020 年 10 月 31 日研究，并商得中共大连市委同意，集团公司党组决定：左洪波同志任大连西太平洋石油化工有限公司党委委员、纪委书记；免去王国松同志的大连西太平洋石油化工有限公司党委委员、纪委书记职务，另有任用。【中油党组任〔2020〕80 号】

出版说明

为充分发挥组织史“资政、存史、育人、交流”的作用，2012 年 3 月，中国石油天然气集团公司（以下简称集团公司）全面启动《中国石油组织史资料》的编纂工作，并明确由集团公司人事部负责具体牵头组织。《中国石油组织史资料》系列图书分总部卷、企业卷、基层卷三个层次进行编纂出版。首次编纂出版以本单位成立时间作为编纂上限，以本单位编纂时统一规定的截止时间为编纂下限。

《中国石油组织史资料》总部卷由集团公司人力资源部负责组织编纂，石油工业出版社负责具体承办。总部卷（1949—2013）卷本分第一卷、第二卷、第三卷和附卷一、附卷二共五卷九册，于 2014 年 12 月出版。2021 年，集团公司决定对《中国石油组织史资料（1949—2013）》进行补充与勘误，并在此基础上将编纂时间下限延至 2020 年 12 月。《中国石油组织史资料（1949—2020）》卷本分第一卷、第二卷、第三卷、第四卷和附卷一、附卷二共六卷十二册，于 2021 年 6 月正式付梓。此后，总部卷每 5 年续编出版一卷。

《中国石油组织史资料》企业卷系列图书，由各企事业单位人事部门负责牵头组织编纂，报集团公司人力资源部编纂办公室规范性审查后，由石油工业出版社统一出版。企业卷规范性审查由集团公司人力资源部编纂办公室冀宇飞、于维海、麻永超负责组织，图书出版统筹由石油工业出版社组织史编辑部李廷璐负责，由鲁恒、孙卓凡、李昕航、孟海军、胡静具体负责。企业卷首次续编一般按“2014—2015”和“2014—2018”两种方案编纂出版，此后每 5 年续编出版一卷。

《中国石油组织史资料》基层卷由各企事业单位人事（史志）部门负责组织下属单位与企业卷同步编纂，并报集团公司人力资源部编纂办公室备案，由石油工业出版社组织史编辑部负责提供具体出版和技术支持。

企业卷统一出版代码：

CNPC-YT——油气田企业　　CNPC-LH——炼化企业
CNPC-XS——成品油销售企业　　CNPC-GD——天然气与管道企业
CNPC-HW——海外企业　　CNPC-GC——工程技术企业
CNPC-JS——工程建设企业　　CNPC-ZB——装备制造企业
CNPC-KY——科研单位　　CNPC-QT——金融经营服务等企业

编纂《中国石油组织史资料》系列图书是集团公司组织人事和基础管理建设工作的大事，是一项政策性、业务性、技术性、规范性很强的业务工作，是一项艰巨浩繁的系统工程。该系列图书以企业的组织沿革为线索，收录了编纂时限内各级党政组织的成立、更名、发展、撤并以及领导干部变动情况等内容，为企业“资政、存史、育人、交流”提供了可信的依据。这套系统、完整的中国石油组织史资料，既丰富了石油企业的历史资料，又增添了国家的工业企业史资料，不仅为组织人事、史志研究、档案管理等部门从事有关业务提供了诸多便利，而且为体制改革和机构调整提供了历史借鉴。在此，谨向对该套图书出版工作给予支持和帮助的所有单位和人员表示衷心的感谢！

由于掌握资料和编纂者水平有限，丛书难免存有错漏，恳请读者批评指正。对总部卷的意见建议请联系集团公司人力资源部编纂办公室或石油工业出版社组织史编辑部；对各单位企业卷、基层卷的意见建议请联系各单位编纂组或组织史资料编辑部。对书中错漏之处我们将统一在下一卷续编时一并修改完善。

中国石油组织史资料编纂办公室联系方式
联系单位：中国石油天然气集团有限公司人力资源部综合处
通信地址：北京市东直门北大街 9 号石油大厦 C1103，100007
联系电话：010-59984340　59984721，传真：010-62095679
电子邮箱：rsbzhc@cnpc.com.cn

中国石油组织史编辑部联系方式
联系单位：石油工业出版社人力资源出版中心
通信地址：北京市朝阳区安华西里三区 18 号楼 201，100011
联系电话：010-64523611　62067197
电子邮箱：cnpczzs@cnpc.com.cn

《中国石油组织史资料》系列图书目录

总部卷			
编号	书名	编号	书名
第一卷	国家部委时期（1949—1988）（上中下）	第四卷	中国石油天然气集团公司—中国石油天然气集团有限公司（2014—2020）（上中下）
第二卷	中国石油天然气总公司（1988—1998）	附卷一	组织人事大事纪要（1949—2020）（上下）
第三卷	中国石油天然气集团公司（1998—2013）（上下）	附卷二	文献资料选编（1949—2020）

续表

企业卷			
编号	书名	编号	书名
油气田企业（16）			
CNPC-YT01	大庆油田组织史资料	CNPC-YT09	青海油田组织史资料
CNPC-YT02	辽河油田组织史资料	CNPC-YT10	华北油田组织史资料
CNPC-YT03	长庆油田组织史资料	CNPC-YT11	吐哈油田组织史资料
CNPC-YT04	塔里木油田组织史资料	CNPC-YT12	冀东油田组织史资料
CNPC-YT05	新疆油田组织史资料	CNPC-YT13	玉门油田组织史资料
CNPC-YT06	西南油气田组织史资料	CNPC-YT14	浙江油田组织史资料
CNPC-YT07	吉林油田组织史资料	CNPC-YT15	煤层气公司组织史资料
CNPC-YT08	大港油田组织史资料	CNPC-YT16	南方石油勘探开发公司组织史资料
炼油化工单位和海外企业（32）			
CNPC-LH01	大庆石化组织史资料	CNPC-LH17	华北石化组织史资料
CNPC-LH02	吉林石化组织史资料	CNPC-LH18	呼和浩特石化组织史资料
CNPC-LH03	抚顺石化组织史资料	CNPC-LH19	辽河石化组织史资料
CNPC-LH04	辽阳石化组织史资料	CNPC-LH20	长庆石化组织史资料
CNPC-LH05	兰州石化组织史资料	CNPC-LH21	克拉玛依石化组织史资料
CNPC-LH06	独山子石化组织史资料	CNPC-LH22	庆阳石化组织史资料
CNPC-LH07	乌鲁木齐石化组织史资料	CNPC-LH23	前郭石化组织史资料
CNPC-LH08	宁夏石化组织史资料	CNPC-LH24	东北化工销售组织史资料
CNPC-LH09	大连石化组织史资料	CNPC-LH25	西北化工销售组织史资料
CNPC-LH10	锦州石化组织史资料	CNPC-LH26	华东化工销售组织史资料
CNPC-LH11	锦西石化组织史资料	CNPC-LH27	华北化工销售组织史资料
CNPC-LH12	大庆炼化组织史资料	CNPC-LH28	华南化工销售组织史资料
CNPC-LH13	哈尔滨石化组织史资料	CNPC-LH29	西南化工销售组织史资料
CNPC-LH14	广西石化组织史资料	CNPC-LH30	大连西太组织史资料
CNPC-LH15	四川石化组织史资料	CNPC-LH31	广东石化组织史资料
CNPC-LH16	大港石化组织史资料	CNPC-HW01	中国石油海外业务卷
成品油销售企业（37）			
CNPC-XS01	东北销售组织史资料	CNPC-XS13	河北销售组织史资料
CNPC-XS02	西北销售组织史资料	CNPC-XS14	山西销售组织史资料
CNPC-XS03	华北销售暨北京销售组织史资料	CNPC-XS15	内蒙古销售组织史资料
CNPC-XS04	上海销售组织史资料	CNPC-XS16	陕西销售组织史资料
CNPC-XS05	湖北销售组织史资料	CNPC-XS17	甘肃销售组织史资料
CNPC-XS06	广东销售组织史资料	CNPC-XS18	青海销售组织史资料
CNPC-XS07	云南销售组织史资料	CNPC-XS19	宁夏销售组织史资料
CNPC-XS08	辽宁销售组织史资料	CNPC-XS20	新疆销售组织史资料
CNPC-XS09	吉林销售组织史资料	CNPC-XS21	重庆销售组织史资料
CNPC-XS10	黑龙江销售组织史资料	CNPC-XS22	四川销售组织史资料
CNPC-XS11	大连销售组织史资料	CNPC-XS23	贵州销售组织史资料
CNPC-XS12	天津销售组织史资料	CNPC-XS24	西藏销售组织史资料

续表

编号	书名	编号	书名
CNPC–XS25	江苏销售组织史资料	CNPC–XS32	湖南销售组织史资料
CNPC–XS26	浙江销售组织史资料	CNPC–XS33	广西销售组织史资料
CNPC–XS27	安徽销售组织史资料	CNPC–XS34	海南销售组织史资料
CNPC–XS28	福建销售组织史资料	CNPC–XS35	润滑油公司组织史资料
CNPC–XS29	江西销售组织史资料	CNPC–XS36	燃料油公司组织史资料
CNPC–XS30	山东销售组织史资料	CNPC–XS37	大连海运组织史资料
CNPC–XS31	河南销售组织史资料		
天然气管道企业（13）			
CNPC–GD01	北京油气调控中心组织史资料	CNPC–GD08	京唐液化天然气公司组织史资料
CNPC–GD02	管道建设项目经理部组织史资料	CNPC–GD09	大连液化天然气公司组织史资料
CNPC–GD03	管道公司组织史资料	CNPC–GD10	江苏液化天然气公司组织史资料
CNPC–GD04	西气东输管道公司组织史资料	CNPC–GD11	华北天然气销售公司组织史资料
CNPC–GD05	北京天然气管道公司组织史资料	CNPC–GD12	昆仑燃气公司组织史资料
CNPC–GD06	西部管道公司组织史资料	CNPC–GD13	昆仑能源公司组织史资料
CNPC–GD07	西南管道公司组织史资料		
工程技术企业（7）			
CNPC–GC01	西部钻探公司组织史资料	CNPC–GC05	东方物探公司组织史资料
CNPC–GC02	长城钻探公司组织史资料	CNPC–GC06	测井公司组织史资料
CNPC–GC03	渤海钻探公司组织史资料	CNPC–GC07	海洋工程公司组织史资料
CNPC–GC04	川庆钻探公司组织史资料		
工程建设企业（8）			
CNPC–JS01	管道局组织史资料	CNPC–JS05	中国昆仑工程公司组织史资料
CNPC–JS02	工程建设公司组织史资料	CNPC–JS06	东北炼化工程公司组织史资料
CNPC–JS03	工程设计公司组织史资料	CNPC–JS07	第一建设公司组织史资料
CNPC–JS04	中国寰球工程公司组织史资料	CNPC–JS08	第七建设公司组织史资料
装备制造和科研企业（12）			
CNPC–ZB01	技术开发公司组织史资料	CNPC–KY02	规划总院组织史资料
CNPC–ZB02	宝鸡石油机械公司组织史资料	CNPC–KY03	石油化工研究院组织史资料
CNPC–ZB03	宝鸡石油钢管公司组织史资料	CNPC–KY04	经济技术研究院组织史资料
CNPC–ZB04	济柴动力总厂组织史资料	CNPC–KY05	钻井工程技术研究院组织史资料
CNPC–ZB05	渤海石油装备公司组织史资料	CNPC–KY06	安全环保技术研究院组织史资料
CNPC–KY01	勘探开发研究院组织史资料	CNPC–KY07	石油管工程技术研究院组织史资料
金融经营服务及其他企业（14）			
CNPC–QT01	北京石油管理干部学院组织史资料	CNPC–QT08	运输公司组织史资料
CNPC–QT02	石油工业出版社组织史资料	CNPC–QT09	中国华油集团公司组织史资料
CNPC–QT03	中国石油报社组织史资料	CNPC–QT10	华油北京服务总公司组织史资料
CNPC–QT04	审计服务中心组织史资料	CNPC–QT11	昆仑信托中油资产组织史资料
CNPC–QT05	广州培训中心组织史资料	CNPC–QT12	中油财务公司组织史资料
CNPC–QT06	国际事业公司组织史资料	CNPC–QT13	昆仑银行组织史资料
CNPC–QT07	物资公司组织史资料	CNPC–QT14	昆仑金融租赁公司组织史资料

中国石油

中国石油

中国石油